JN115432

多肉植物

エケベリア
ハイブリッド図鑑

Illustrated Handbook of Echeveria Hybrids

エケベリアファンクラブ

—— contents ——

コスミック出版

は じ め に

　かわいいと思っただけの軽い気持ちではじめたエケベリア。

　最初のうちはそれだけでよかったのに、次第に次は「あれが欲しい！」と
なっていってしまいますよね。その願いを叶えるためには、エケベリアのハ
イブリッドを自分の手で作ることをおすすめします。

　いわゆるエケベリアブームがやってきて、欲しいエケベリアを手に入れた
くても、売りに出されていなくて購入できないことが多くなりました。

　そこで、自分好みのハイブリッドを作ってみようと思った人も多いはずで
す。

　人気があるものは同じ交配式になりがちですが、できあがったものが自分
が求めている雰囲気になるとは限りません。両親のどちらか一方に似たもの
や中間くらいの顔のものになったりとさまざまです。

　こういうふうなものが作りたい！　と狙っても、思ったとおりのものがで
きないのも実は交配の醍醐味であり、興味深いところでもあるのです。

　本書には、多肉植物が好きでたまらない方々のハイブリッドをたくさん集
めて掲載しました。

　掲載できたハイブリッドは、エケベリアのなかのほんの一部にすぎません
が、まずはあなたが欲しいと思ったハイブリッドをお手本にして作ってみま
しょう。

　これから交配をはじめようという方にとって、参考になりましたら幸いです。

実生は、ちょっとの努力でできますよ！

まず、親株が必要。そして、その親株に花が咲かなければなりません。

なかなか花が咲かないこともありますから、親株にしたいエケベリアをしっかり育てることも重要です。

もし花が咲かなくても、花芽付きのエケベリアを購入することができる可能性もあります。最近はそんな需要も増え、花芽付きも販売されています。

エケベリアの開花は春が一般的ですが、夏から冬に開花シーズンを迎える原種もあります。

花が咲いたら、ハイブリッドはもうできたようなものです。

本書では、ICN（International Crassulaceae Network）の制作者のマルグリット・ビショップバーガー（Margrit Bischofberger）さんに、エケベリアの基本的なことを教えていただきました。

A hybrid name has to be a fantasy name.

（ハイブリッド・ネームはファンタジー・ネームでなければなりません）

忘れがたい言葉もいただきました。

多くの方々にご協力をいただいてこの本ができました。

感謝して、お礼にかえさせていただきます。

エケベリア 学名のおもな変更

昨今、多肉植物の同定にDNA鑑定も用いられるようになり、新たな結果によって学名が変更になる場合も多くなりました。その場合、適切でないと判断された名前はシノニム（Synonym 以前の名前のような意味）として、使わなくなってゆきます。

	変 更 前	変 更 後
1	agavoides 'Corderoyi'	Cultivar（栽培品種）
2	agavoides 'Ebony'	Cultivar（栽培品種）
3	agavoides 'Lipstick'	agavoides 'Multifida'
4	agavoides 'Macabeana'	Cultivar（栽培品種）
5	agavoides 'Maria'	Cultivar（栽培品種）
6	agavoides 'Multifida'	Cultivar（栽培品種）
7	agavoides 'Prolifera'	Cultivar（栽培品種）
8	agavoides 'Red Edge'	Cultivar（栽培品種）
9	agavoides 'Romeo'	Cultivar（栽培品種）
10	agavoides 'Romeo Rubin'	Cultivar（栽培品種）
11	'Apus'	pulidonis, Veracruz
12	'Compton Carousel'	secunda 'Compton Carousel' （Cultivar：栽培品種）
13	Crispate Beauty	Cultivar（栽培品種）
14	cuspidata var. gemmula	cuspidata var. zaragozae
15	cuspidata, Menchaca	cuspidata（Menchacaのみの表記は間違い）
16	Dharma pridonis	pulidonis, Veracruz（丸葉）
17	Elchico L92/01	secunda, El Chico
18	elegans hyalina	hyalina（species「種」として認められた）
19	elegans La Paz	hyalina La Paz, Guanajuato
20	gibbiflora 'Caronculata'	Cultivar（栽培品種）
21	gibbiflora 'Crispata'	Cultivar（栽培品種）
22	gibbiflora 'Metallica'	Cultivar（栽培品種）
23	hyalina	hyalina（アジア圏で昔から栽培されているタイプ）
24	hyalina Australia	spec.（現時点で種として同定されていない。 韓国ではメキシコミニマとされているらしい）
25	hyalina La Paz	hyalina La Paz, Guanajuato
26	halbingeri	現在 halbingeri に種はない。
27	halbingeri var halbingeri	原種（species）として認められないと発表された。

栽培品種（さいばいひんしゅ、英語：cultivar）、一般的には望ましい性質を選抜した増殖可能な植物の集合である。
選択・交雑・突然変異等により人為的（育種、品種改良）あるいは自然に生じ、他の栽培品種や原種と識別される特性を安定して有し、かつ、その特性を保持したまま殖やすことができる。遺伝的に均一か否かは問わない。
栽培品種はおもに農業・園芸の分野で古くから利用され、園芸分野においては園芸品種の語が使われることがある。また、誤解の恐れがなければ単に品種と表記されることも多い。栽培品種名は、学名ではない。

	変 更 前	変 更 後
28	halbingeri var. sanchez-mejoradae	hyalina のシノニム（Synonym）になった
29	halbingeri var. sanchez-mejoradae. Ahualulco. San Luis Potosi	hyalina, Ahualulco
30	halbingeri var. sanchez-mejoradae. Pinal de Amoles	hyalina, Pinal de Amoles
31	halbingeri var. sanchez-mejoradae. San luis de La Paz	hyalina La Paz, Guanajuato
32	'Lenore Dean'（韓国での流通名）	secunda 'Compton Carousel'（Cultivar：栽培品種）
33	nodulosa 'Painted Beauty'	Cultivar（栽培品種）
34	parrasensis	cuspidata var. cuspidata
35	peacockii	desmetiana
36	peacockii var. desmetiana	desmetiana
37	peacockii subsessilis	subsessilis または Subsessilis
38	runyonii 'Dr Butterfield'	Cultivar（栽培品種）
39	runyonii 'Lucita'	Cultivar（栽培品種）
40	runyonii 'Cook's Pride'	Cultivar（栽培品種）
41	sessiliflora	pinetorum
42	sessiliflora var. corallina	corallina（あらためて種として認められた）
43	sessiliflora var. pinetorum	pinetorum
44	sp. El Encino	secunda, El Encino
45	sp. FO-48, Santa Maria Mexicano	hyalina
46	sp. Gilo	hyalina, Gilo
47	sp. nova, Puebla	caamanoi, Puebla
48	sp. Real de catorce（Köhres の種子名）	Catorce（まだ種として認められていないので仮称）
49	strictiflora, Bustamante	spec. Bustamante（メキシコではE. Mamuliqueと呼ばれている）
50	tamaulipana	walpoleana
51	Truffles	= shaviana 'Truffles'（Cultivar：栽培品種）
52	Zaragoza	= cuspidata var. zaragozae, a species（一種）
53	zaragozae sp. Nova	spec. nov. Zaragoza ツルギダ（turgida）の花によく似ている。

命名に関するルール

わたしたちが栽培している植物には、命名上のルールを定めた「国際栽培植物命名規約」があります。最低限のことを覚えておきましょう。

わたしたちが命名できるのは、園芸品種名（cultivar name）です。

例　「属名＋園芸品種小名」

　　　Echeveria 'Diana'（交配種は1文字目を大文字にする）

例　「交雑種を表す学名＋園芸品種小名」

　　　laui

　　　× *chihuahuaensis*（母親の名前を前に、父親の名前を後に書く）'Diana'（園芸品種小名）

おもにこのような2種類の表記が一般的です。

園芸的に改良された植物（交配種・ハイブリッド）を流通させる場合、園芸品種名がありながら販売上の都合で別の呼称を付与される場合があります。現規約ではそれらを販売名（trade designations）と位置付けており、園芸品種小名（cultivar epithet）であるかのように一重の引用符で括って表記してはならないと定めています。

ほかに命名する場合の禁止事項として、

・園芸品種小名にラテン語を用いてはならない

・ひとつの園芸品種小名は、アルファベット30文字以内であること

・Pink（ピンク）とか Yellow（黄色）などの形容詞1語のみを園芸品種小名として用いてはならない

・同じ属の中で、同じあるいはごく似た園芸品種小名を用いてはならない

・属名（エケベリアやセダムなど）や種名（原種の名前）を名前に用いてはならない

・以下の語を園芸品種小名に用いてはならない

　　– cross, hybrid, grex, group, maintenance, mutant, seedling, selection, sport, strain など

・園芸品種特性を誇大に表現したような語を園芸品種小名に用いてはならない

＜日本花名鑑①＞解説記事より抜粋

自分以外のほかの人と交配式が同じエケベリアにも、新しく名前を付けられます。

　考えた名前は、まず必ずネット検索しましょう。日本語だけでなく、英語名くらいは検索するべきです。使おうと思った名前が、すでに使用されているケースが思ったより多いことを認識してください。

　現在の日本では、名前を登録する機関はないに等しいです。

　ほかの人が使っている園芸品種小名を使ってしまった場合、同じ名前が流通することになり混乱します。

　調べて、混乱は回避して、自分独自の命名をすることをお勧めします。

　長く残るハイブリッドになる可能性もあるわけですから、オリジナルな名前にして送り出してやるのが「親心」です。

　以上のことをふまえて、ハイブリッドを作りましょう。

実生をする前に…

　エケベリアを増やすには、葉挿しや苗をカットしての挿し木が一般的ですが、それらの方法で作った苗は、クローン苗です。

　実生では、新しい個体を作ることができます。

　①親にするエケベリアを選ぶ場合、間違った名前で販売されていることもあるので、名前と顔が合っているか確認しましょう。

　②クローン苗（葉挿しやカット苗で増やした苗）ではないもの同士の交配のほうが、種子が結実する確率が高くなります。クローン苗同士の交配は自家受粉になるので、種子が出来づらくなります。

　③母親の名前を前に書き、父親の名前を後に書くのは決まりごとです。

　　例えば、ラベルに *Echeveria laui* × *Echeveria colorata*（*E. laui* × *E. colorata*）
　　と書く。

　交配を「×」印で表現していますが、これはバツではなくクロスと言い表し、正しくは「x」（アルファベットのエックス）での表記が国際標準になります。本書では、あえて「×（バツ）」印を使わせていただいています。

　表記の仕方として、原種の学名はラテン語で斜体で、見出しは任意。

　ハイブリッドの名前、産地名などは、正体にて表記します。

交配・実生の手順

❶母親にする多肉植物の花が咲いたら、自家受粉しないように雄しべは取り去ることをおすすめします。

交配時に、花びらを取り去ってしまう人と、そのままにする人がいます。花びらを取り去る理由は、ただ邪魔だからなので取っても取らなくても大丈夫です。花びらを取っておくと、結実の過程で出てくる蜜が少なく、ベタベタしないようです。

❷父親にする多肉植物の雄しべから花粉を摘まんで、母親にする多肉の雌しべに付けます。ピンセットを使う人がほとんどですが、筆を使う人もいます。

交配したい多肉植物の開花に時間差があるときは、花粉を冷凍保存するのも有効な手段です。父親にしたいほうの多肉の花粉を保存してさえおけば、開花した母株との交配はいつでも可能になります。

花粉の保存は、雄しべの先の花粉のみ保存する、雄しべごと保存する、花ごと保存する、とさまざま。

花粉がよい状態になってから採取(肌理が細かくモフモフしている状態。ピンセットで触ると縦割れする花粉はまだ熟していない)します。熟していない花粉では結実しません。

❸交配した花に交配式を記入した札を付けます。母親を先に父親を後に記入する決まり。種子が出来る日数の目安になるので、交配した日付を記入してもよいでしょう。

交配式を書く札が、重たい素材だと花が取れてしまうこともあります。軽い素材を使うほうがいいかもしれません。

結実した花が上向きになったり、蜜をこぼしたりした場合、種子が出来つつあると期待できます。

交配のタイミング

❹雄しべと雌しべがいつ熟すのかよく観察し、交配のタイミング
を逃さないようにしましょう。雌しべの先に蜜が出ているときが、
花粉が付きやすくなるのでベストです。花粉を取り去った翌日が
いいという人もいます。交配において、タイミングの良し悪しは
重要な要素です。

自家受粉について

一般的に言われていることを記しておきます。

植物は生き残るための戦略として、自家受粉と他家受粉のどちらを優先するのか選択します。
多くの場合は他家受粉を優先させるため、自家受粉を成立させないための仕組みを備えます。
自家交配は、遺伝的組合せの多様性の低下をもたらすのです。このことは種としての適応度の低
下を意味し、種の存続の危機につながることもありえるからです。
ひとつの花の中に雄しべと雌しべがあるものを両性花といい、雄しべと雌しべの成熟する時期を
ずらすことで他殖の可能性を高めるものです。自家不和合性は、自己の花粉と他系統の花粉を雌
しべが見分け、自己の花粉を拒絶する仕組みです。
加えて、交配して実生した苗の1世代目の花は、いい結果を得られないことのほうが多いと思っ
ておきましょう。
品種の性質は次世代以降になって初めて現れてくることのほうが多いので、一回であきらめず種
子を採り続け、可能性を信じるということも交配成功の大切なポイントです。
ただし、「F1品種」は1世代目に限り品種の個性が現れ、2世代目以降はその形質を必ずしも受
け継がないので、期待した結果が得られない場合が多いでしょう。
とはいっても、チャレンジはしてみるべきです。

◀開ききった花の雌しべ
から花粉が付いている雄
しべを遠ざけています。

▶花粉のない未成熟な花

◀エケベリアのなかで、もっとも特殊で長い花を咲かせ
るベルバラ（ロンギシマ）。
左は咲きはじめ、花粉が先に伸びてくる。
花粉を取り去ったあとに、雌しべが伸びてきている。

❺十分待って、種子が出来たようなら鞘を開けてみましょう。茶こしを使って花殻を受けると、種子は網目をすり抜け下に落ち、分けることができます。

結実して種子が作られると、種鞘の形が星型に弾ける場合と弾けない場合、おもに２つに分かれます。弾けない種鞘は、採取の目安がわかりづらいので、花茎との付け根が枯れるまで十分待ってから採取しましょう。

まったく開かず種子が出来ているのかわからないものでも、まいてみることをおすすめします。いろいろまいているうちに、どんなものが種子かわかるようになります。

種子について

種鞘のなかには種子とカスのようなものが入っています（写真左）。あきらかに大きい下が種子で、上がカス。カスはまいても発芽しません。種子は真ん中に膨らみがあり、ゴマ粒のような形の場合が多いです。ここで種子

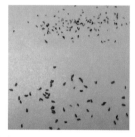
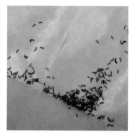

の選別ができれば、発芽しないものをまくという無駄がなくなるわけです。

採取した種子には特徴を持ったものもあり、色は黒〜茶、白い種子もあります。トリマネンシスの基本形のものの種子だけは独特で、ゴマ粒というよりは糸クズのような形状をしています。

❻花粉の保存には、ドラッグストアなどで売られている粉薬を飲むための溶けるカプセルを使用するのが一般的です。**冷凍庫**で保存します。

花粉を保存しておくことで、母親にしたい花さえ咲けば、自由に交配できます。

❼収穫した種子をすぐにまかない場合は、「薬包紙」などの紙にくるんで冷蔵庫で保存が可能です。片面に光沢がある薬包紙は、種子が滑りやすく紙に残りません。どのくらい種子が保つかははっきりしませんが、6年間**冷蔵庫**で保存した種子が発芽した例もあります。

❽種子をまく鉢を用意して、土を入れます。
ほとんどの方が、種まき用土を使用します。
種子が細かいので、粒も細かいものがベスト。
ほとんどの種まき用土には、肥料分が配合されているので便利です。
特に、土の加熱殺菌や薬剤処理をしなくても発芽します。
底に赤玉を入れ、かさ増ししてもいいでしょう。

❾採取した種子を土の上にまきます。均等にまいて、土はかぶせません。交配式を記入した札を付けて、鉢は水を張ったプラスチックの容器などに入れます（腰水）。
はじめは半日陰か50％の遮光下に置き、発芽したら光を強くしていきます。
種子は、気温が安定している春か秋にまく人が多いのですが、温度が維持できるなら一年中でも発芽します。

❿3日〜1週間、長いものでは、3週間くらいで発芽します。
芽が出たら、置き場を変えるなどして、徐々に光を強くして慣らしていってください。
真夏、腰水の温度が40度を超えると、苗は煮えてしまいます。水を循環させるなどして温度の上昇を防ぐか、腰水をやめて、霧吹きなどで土が乾かないようにするなど、工夫する必要があります。

❶苗が育って、鉢が狭くなったら、大きめの鉢に植え替えていきます（鉢増し）。
２ヶ月に１回は植え替えたほうがいいという人もいます。

❷ある程度の大きさになったら苗を１本ずつバラして植え替える方もいます。手間がかかりますが、小さくても植え替えをしたほうが苗が大きくなる速度も早いようです。
ある程度の大きさまで育ててから、頭をカットして根が出たら植える方法でもよいでしょう。カットの場合、下部から芽が出て増える可能性もあります。

❸市販の種まき用土は、肥料分入りなので便利ですがコケが生えやすくなっています。
コケのほうが成長が早いと、苗がコケに負けてなくなってしまうこともあります。
薬剤は成長を遅くする可能性も否定できないので、使う場合はある程度育ってからにしたほうがいいかもしれません。
コケの根は意外に深く、鉢の表面を覆い尽くしていくので、ゼニゴケなどの大きめなものはピンセットで取ったほうが早いかもしれません。一番効果的なのは植え替えなのですが、ある程度の大きさになってからになります。

ミックスベリア®の世界

おらい

Instagram（@oraorai）
ミックスベリアや「青札」と呼ばれるハイブリッド苗
の育成をメインに行っている、関東地方の生産者。

ミックスベリアは、両親ともにエケベリアを使ったハイブリッド。
選抜した1苗から増やして生産しているため、すべてクローン苗で
す。基本的に顔は同じですが、みなさんの栽培の仕方、水の量など
の管理や光や風のあたり具合により、さまざまな表情になるはずです。
ここでは、現在発表されているミックスベリアと、近い将来発表予
定のものをご紹介します。

ミックスベリア001

ざわわ　'Zawawa'

数多く出来た苗の中から最も爪が突出したもので、濃紺のしっかりした爪に、エケベリアらしいずんぐりとしたフォルムが特徴。紅葉は葉全体が染まるというよりも外葉がピンクになり、濃い爪が強調される。

また、交配親としても優秀で生み出されたハイブリッドにもほどよく特徴が受け継がれている。「そわそわ」の兄弟株。

ミックスベリア002

そわそわ　'Sowasowa'

「ざわわ」とは兄弟株（同じ交配式のエケベリアの顔違い）。比較すると細葉で葉数が多く、紅葉も強い。「ざわわ」ほどではないが、シャープでしっかりと伸びた爪を持っている。

こちらも交配親として優秀で、整った姿と爪が遺伝しやすい傾向にある。

紅手鞠 'Benitemari'

独特な深い緑の葉に紅色のエッジとキール（葉裏の稜線）が特徴的。
和柄の「七宝」に似た葉の形に整ったラインの入り方が、均整のとれた手鞠を思わせる。

片想い 'Kataomoi'

夏の姿からは想像できないほど、見事な紅紫に染まるエケベリアで、その濃い染まり方は格別。寒さを重ねるたびに色濃く染まっていく様子を、日を追うごとに募る「片想い」にたとえている。秀逸な命名株。

ストロベリーミルククラウン 'Strawberry Milk Crown'

早い段階から整った草姿と存在感のある爪を有していた個体。
紅葉の初期は、淡い白肌に均整のとれた葉、鋭利なピンクの爪が目を惹く。最盛期には、爪からにじむように黒く濃いギャップのある染まりを見せるところがおもしろい。

ミックスベリア006
未命名選抜株1

紅葉シーズンには株全体が真っ赤に染まる見事なハイブリッド。アガボイデス系特有の迫力と他に類を見ない艶(あざ)やかな朱色。
比較的大型に育つ特性と相まって、ミックスベリアの中でも力強い存在感を放っている。未流通の中でも、多くの人たちに待ち望まれている品種であることは間違いない。

ミックスベリア007
ももりん 'Momorin'

これぞエケベリア！ と言える、ふっくらとしたフォルムが特徴的。真冬になると葉先がピンクに染まり可愛さが増す。大型に育てて迫力のある株にするのもまた楽しい。
比較的丈夫で初心者にもお勧めの品種。

ミックスベリア008
ちょこん 'Chocon'

発光するような明るい黄緑をベースに持つ小型のエケベリア。株が充実してくると淡い紫へと変化する。容姿だけでなく、足元から子株が数多く出てくる様を表現したネーミングも含め、ミックスベリアのラインナップを大きく広げた品種。
暑さにあまり強くないので、夏は若干遮光気味にし、伸びてしまったら秋口にカットして仕立て直そう。

ミックスベリア009

夕波　'Yunami'

何度も打ち寄せる波のように、大きくうねり揺らめく葉が特徴的。オレンジがかった紅葉が波に反射する夕日のようだ。
適切に鉢増しをしていけば、大株へ育て上げることも容易だが、美しく染めるには締めて作る必要がある。時折分頭して増える。

ミックスベリア010

青鬼　'Aooni'

「赤鬼」とは兄弟株。複数の兄弟株の中から1番青いものを選抜した。内向きにカールした多数の細い葉の先に、小さく鋭い爪を持つ特徴的な個体。放射状に広がる葉姿は端整で美しい。ある程度の大きさに達すると子株が多数発生する。
「赤鬼」と比較すると小型の傾向もあるが、鉢増しの仕方によってはそれなりに大株に仕上げることも可能。

ミックスベリア011

赤鬼　'Akaoni'

「青鬼」とは兄弟株で、爪と赤さのバランスが1番優良な個体。内向きの細い多葉に爪を有する特徴は、「青鬼」と同様。
「青鬼」と比較すると若干夏に弱いため、より大きくなりやすい特徴をうまく生かし、体力をつけた状態で夏を迎えるのが望ましい。

17

ミックスベリア012

クリスマスキャロル 'Christmas Carol'

寒い時期によく染まり、赤と緑
のクリスマスカラーが目を惹く。
より尖った赤い爪に対して、丸
いフォルムが魅力的な比較的丈
夫なエケベリア。
交配においても、爪や葉の質感
などを上手く遺伝させることが
出来る。

ミックスベリア013

恋煩い 'Koiwazurai'

「花占い」とは兄弟株。わずか
に揺らめく葉は、青みがかった
ベースに透き通るピンクのエッジ
を持つ。紅葉時には、株全体が
ブルーからピンクのグラデーショ
ンに染まる。重なり合った多葉
と相まって、冬の美しいエケベ
リアの中でもひと際目を惹く存
在になる。
交配に使っても自身の特徴を強
く遺伝させることができる。

ミックスベリア014

花占い 'Hanauranai'

「恋煩い」とは兄弟株で、比較
すると淡い緑で均整のとれた形
状。紅葉は異なり、朱色がか
ったピンク色にしっかり色づく。
「恋煩い」のような揺らめく妖艶
さはないが、こちらも葉が重な
る正統派の美人エケベリア。
「恋煩い」と同様に、交配にお
いても特徴をよく伝える。

桜子　'Sakurako'

「梅子」とは兄弟株にあたる。
充実すると子株が多数発生し、
大きく群生する。淡く染まるピン
クが美しい桜の花のイメージか
ら命名した。
交配に使用すると、「桜子」ら
しい草姿は遺伝しづらいものの、
特徴的な紅葉はある程度現れる。

梅子　'Umeko'

「桜子」とは兄弟株にあたる。
冬に白く変化することから白梅
をイメージして命名した。葉が
丸く内に向き合い、「桜子」よ
りも均整のとれた姿に仕上がる。
子株が多数発生し群生するとこ
ろや交配に使用可能なところも
「桜子」と同様。

雲の花　'Kumonohana'

もくもくと膨らんだ白い雲のよ
うな草姿の「雲の花」。
年間を通して派手な変化はない
が、充実すると白さにほんのり
とピンクが乗り、丸みのある形
状と相まって素朴な可愛らしさ
がある。

19

ミックスベリア018

くまどり 'Kumadori'

「紅手鞠」と同様、葉に濃い模
様が入るエケベリア。
その様子を歌舞伎の化粧"隈取"
になぞらえ、「くまどり」と命名
した。
多少伸びやすい傾向があり、夏
の暑さもあまり得意ではない。
葉挿しが容易なため、チャレン
ジをおすすめする。

ミックスベリア019

ウエディングベル 'Wedding Bell'

軽くブルームをまとった細く肉厚
な葉が均整のとれたロゼットを
形作っていて、オールシーズン淡
く優しい雰囲気を醸し出してい
るエケベリア。
かの有名な歌謡曲から、想いを
込めて命名した。

ミックスベリア020

白雪の渚 'Shirayukinonagisa'

ハイシーズンを迎えると葉がぐっ
と内に向き、見事な紫色に紅葉
する。
微毛のエケベリアなので、夏越
しは風通しに注意をはらいたい。
「小人の渚」を大型化したように
見えるが、交配式はまったく別
の物。開花時期は遅いが交配は
可能。

小人の渚 'Kobitononagisa'

「白雪の渚」と似ているが異なる交配。紅葉時には紫味が強くなる。ひとつひとつは小型だが、よく小吹き群生株に仕上がることが多い。
微毛タイプだが、比較的丈夫で扱いやすい。

三日月 'Mikazuki'

特徴的な葉のフォルムから、「三日月（みかづき）」と命名した。折り重なる多数の葉と淡いピンクの紅葉が美しいエケベリア。
大きくなると子株が多数発生し、見事な群生株になる。

夢々 'Yumeyume'

選抜時の夢のような色を出すのはその性質からハードルが高く、「夢のまた夢」の意味合いで命名。見事な紅色に染まるが、綺麗な色を出すのは多少むずかしい。
茎が伸びやすいため、カットしたり、多数挿したりで群生の状態を作ると見応えのある姿になる。

21

ミックスベリア024

ひなまつり 'Hinamatsuri'

桃の節句のころの和風な桃色を
感じさせる紅葉が特徴。中央の
優しい緑から桃色への淡いグラ
デーションとシャープな草姿が
魅力。
外葉が枯れ上がって葉が減りや
すいので、比較的水を多めにあ
げて葉数を保ちたい。

ミックスベリア025

アルバートチワワ 'Albert Chihuahua'

容姿だけでなく名前も、両親の
"いいとこ取り"の品種。通年
涼しげな片親に、交配によって
もう片方の親の可愛らしい爪が
プラスされたエケベリア。
アルバートチワワ自体は未流通
だが、すでにこれを使用したハ
イブリッドが出回っており、その
ものの流通が待たれる（2021
年秋現在）。

ミックスベリア026

ブルーベリームーン 'Blueberry Moon'

「ラズベリーメモリーズ」の兄弟株。
最も青い色が出た個体として選
抜され、紫がかった青白い月の
雰囲気から、「ブルーベリームー
ン」と命名された。
「ざわわ」を片親に持つハイブリッ
ドのひとつで、紫に染まる葉に
しっかりとした爪とエッジを持つ。
かなりの強健種かつ交配にも使
えることから、初心者から玄人
までおすすめの品種。

ミックスベリア027

ラズベリーメモリーズ 'Raspberry Memories'

「ブルーベリームーン」の兄弟株。
青みの強い葉にラズベリー色の
エッジを持ち、鋭い爪を葉先に
備える。葉数の多さとぐっと丸
みを帯びた形状が合わさり、大
きく育った株に規則正しく爪が
並ぶ様は見事。
「ブルーベリームーン」と同様に
丈夫で育てやすい。

ミックスベリア028

雪つぼみ 'Yukitsubomi'

真っ白な葉の先端にちょんと付
いた鮮やかな赤い爪を、枝に積
もった雪と春を待ち焦がれる生
命力にあふれた蕾に見立てて命
名した。
充実した株は、真夏でも色褪せ
ることがなく強い白みを帯びる。
伸びにくく比較的丈夫で育てや
すい秀逸な品種。

ミックスベリア030

うぐいす 'Uguisu'

ベースの葉色も紅葉時の色も淡
く、優しく色が混じり合う様は
和紙のような色味を感じさせる。
葉幅があり、丸みを帯びた葉姿
は柔和な雰囲気にあふれており、
素朴だが確かな存在感のあるエ
ケベリア。

ミックスベリア031
石の花 'Ishinohana'

エケベリアではあまり見ない黄色に近い色なので、栽培場でもよく映える。ゴツゴツとした葉の重なりが石を思わせるため、「石の花」と命名した。
少し立ち上がる傾向があり、カットして仕立て直すか、そのまま群生にしてもよい。

ミックスベリア032
眠り姫 'Nemurihime'

青みを帯びたロゼットタイプの小型エケベリア。比較的丈夫で、まわりに子株が多数発生し群生する。葉先の赤い爪はおとぎ話の眠り姫のお城を取り囲む茨(いばら)と見て、重ね合わせてもおもしろい。

ミックスベリア033
藤紫 'Fujimurasaki'

藤の花を思わせるような紫の葉色が特徴的なエケベリア。幅のある葉がたくさん折り重なり、まるで花が咲いているかのように見える。
ミックスベリアの中でも比較的大株に育ちやすい。見応え、存在感ともに抜群の品種。

風の花　'Kazenohana'

風に優しく揺らめいているような葉が、ハイシーズンにピンクに染まる姿は見事。
子株が発生しやすい中型の品種で、適期になったら外して増やすことも楽しい。成功率は高くないが、交配に使うことも可能。

プリンセスティアラ　'Princess Tiara'

若干グレーがかっていて、映える色味ではないが、均整がとれた姿に成長するエケベリア。明るいグレーに薄くピンクが乗る紅葉は、華やかさとともに落ち着きを感じさせる。
比較的丈夫で栽培は容易なので、初心者にもおすすめの品種。

霜飾り　'Shimokazari'

うっすらと柔らかな白さをまとい、輪菊のようにぎゅっと包み込む姿が特徴。青みを帯びた葉と、紅葉時の淡いグラデーションに綺麗なブルーム（多肉表面の粉）が霜のように降った様は、和飾りのような美しさを感じさせる。
多少伸びやすいため、複数挿しで群生にしてもよい。

イーゲルコット 'Igelkott'

微毛を持つ細くシャープな葉が密に重なり合う姿をハリネズミに見立て、スウェーデン語でハリネズミを意味する「イーゲルコット」と命名した。

葉裏には葉先に向かって細くラインが入っており、鋭利な爪をより引き立てている。子株がよく発生するが、群生というよりは中心の株を引き立てる雰囲気に仕上がり、まるでハリネズミの親子の様に愛らしい姿になる。

ルビーライム 'Ruby Lime'

冬の目も覚めるようなルビー色と、夏の青々としたライムグリーンの、ふたつの特徴を併せ持つ「ルビーライム」は、葉数が多く比較的丈夫で、子吹きもしやすい。

葉に光沢があるエケベリアの特徴として、ダニが付きやすい傾向があるので、水やりのときは頭からかけたり、殺ダニ剤を使ったりして駆除を心がけたい。

モルゲンロート 'Morgenrot'

山脈や雲が朝焼けに染まる様子を表す「モルゲンロート」の言葉がピッタリなので、ドイツ語で命名した。

淡いオレンジ色に染まる紅葉が珍しくも美しい品種。船型のぷっくりとした葉が重なり合い、丸みを帯びた形になる。

暑さは得意ではないため、特に夏場は注意が必要。

迷いの森　'Mayoinomori'

乱れて群生したり、成長点がな
くなったりと安定したロゼット
にはなりにくい。
葉の裏は鮮やかなオレンジから
紫色、葉の内側は緑色という独
特のツートンカラーが、えも言
われぬ味わいをプラスしている。

パステルブロッサム　'Pastel Blossom'

丸みを帯びた整った草姿に、小
さいながらもしっかりとした赤い
爪を持つ。冬には優しいパステ
ルピンクの紅葉を見せてくれるが、
夏場は青みが残り、涼しげな表
情になる。

ミックスベリアの親株たち

27

未命名選抜株2

オフシーズンは単一なカラーだ
が、冬になると青白いフォルムに
ピンク色の爪が乗る。幅のある
肉厚な葉が重なり合い、丸く形
が整う。
交配においては、株の雰囲気
を強く遺伝させる。暑さに弱く、
梅雨から初秋にかけては蒸れて
しまうこともあるので注意が必
要。

未命名選抜株3

未命名選抜株4の兄弟株で、
交配に使用した両親の特徴が良
く表れた個体。規則正しく、若
干内向きに丸まって並んだ葉は、
外から内にかけて強く赤紫に染
まる。
未命名選抜株4と比較すると、
丸みも相まって可愛らしい印象。

未命名選抜株4

未命名選抜株3の兄弟株で、こ
ちらの方が青みが強く清楚な雰
囲気に仕上がり、若干大きめに
育つ。
交配に使用した両親の良いとこ
ろを受け継いで、多くの葉が内
向きに丸まり、大変美しい紅葉
を見せる。

未命名選抜株5

薄く粉がかかった青白く極端に幅のある葉に、小さくて真っ黒なしっかりした爪を持つ。全体的に葉数が多く、1枚1枚大きい葉が密に重なり合い、見事なロゼットを形成している。紅葉シーズン特有の目立った色づきはないが、通年安定した表情を保つエケベリア。

未命名選抜株6

粉をまとった真っ白な葉が花弁のように広がり、まるで大きく開花した一輪の花のような優美な形状になる。紅葉などの季節に伴う色の変化はほとんどないが、いつの時も凛とした佇まいを見せてくれる。

未命名選抜株7

艶やかな白肌に、まるで水彩絵具で着色したような揺らぎのあるピンクのグラデーションが特徴的。爪を有した1枚1枚の葉は鋭い形状をしているが、密に重なり丸みを帯びた容姿になる。成育速度は比較的早く、丈夫な品種だ。

Echeveria Mixveria hybrids
ミックスベリア®交配種

おらいさんのミックスベリアを母親に使っ
たハイブリッドたちです。
ミックスベリアを交配に使ってみたい方は、
たくさんいるでしょう。

岩田明良（Akiyoshi Iwata）②

'Koiwazurai'
× *elegans*, Tolantongo
恋煩い（ミックスベリア 013）
×エレガンス トラントンゴ②

'Koiwazurai'
× *hyalina*, La Paz Guanajuato
恋煩い（ミックスベリア 013）
×ヒアリナ ラパス グアナファト②

'Sakurako'
× 'Albabini'
桜子（ミックスベリア 015）
×アルバ美尼②

'Sakurako'
× *hyalina*, La Paz Guanajuato
桜子（ミックスベリア 015）
×ヒアリナ ラパス グアナファト②

'Sakurako'
× 'Laulinze'
桜子（ミックスベリア 015）
×ラウリンゼ②

'Umeko'
× 'Albabini'
梅子（ミックスベリア 016）
×アルバ美尼②

'Umeko'
× *hyalina*, La Paz Guanajuato
梅子（ミックスベリア 016）
×ヒアリナ ラパス グアナファト②

'Umeko'
× 'Laulinze'
梅子（ミックスベリア 016）
×ラウリンゼ②

愛好家21名702種の

エケベリア

作出者さま一覧

①猪熊隆裕
②岩田明良
③大原　優
④ kurogoma ♪
⑤コチョコチョ
⑥ snowdrop
⑦ STAB BLUE SHIZU
⑧セサミ
⑨ ∞ SoRaLa Jardin ∞
⑩ tanikico
⑪多肉アン
⑫ダチョウ
⑬ TY とっちゃん & 嫁ちゃんご夫婦
⑭ nicori
⑮ hana-riki（はなりき）
⑯星野睦美
⑰ mapagarden & パパさん
⑱いゆり
⑲みや
⑳ゆきんこ
㉑ルイパパ（Ruipapa）

それぞれの方のご紹介は 116 ～ 119 ページ

＊エケベリアの名前は、購入時のままのものもあります。
＊同じ交配式のハイブリッドは色でまとめてあります。
＊海外の言葉をカタカナにする場合、翻訳アプリによって発音が異なりますことをご了承ください。

Echeveria agavoides hybrids
アガボイデス交配種

アガボイデス（*E.agavoides*）和名：東雲（しののめ）。
1920年代の多肉本にすでに登場しているという品種ですが、最近になっても産地名が付いた種子が多く発売されています。
生育はしやすく丈夫ですが、交配親としての人気は以前より低くなった。
花数は多くないものの、結実しやすく、発芽率も高い。

(*agavoides* × *colorata* fa *colorata* ('Lindsayana')) × *colorata* fa *colorata*
(アガボイデス×リンゼアナ)
×コロラータ ⑮

(*agavoides* × *colorata* fa *colorata* ('Lindsayana'))
× 'La-Colo' (*laui* × *colorata* fa *colorata*)
(アガボイデス×リンゼアナ)
×ラ・コロ(ラウイ×コロラータ) ⑮

(*agavoides* × *colorata* fa *colorata* ('Lindsayana')) × 'Pinwheel'
(アガボイデス×リンゼアナ)
×ピンウィール ⑮

(*agavoides* × *cuspidata* var. *zaragozae*)
× 'Sarahimebotan'
Echeveria 'Ichibo' エケベリア イチボ
(アガボイデス×ザラゴーサ)×沙羅姫牡丹③

agavoides × *hyalina*
Echeveria 'Raika'
アガボイデス × ヒアリナ
エケベリア 雷火 (らいか) ⑪

agavoides
× *secunda,* El Chico
アガボイデス
×セクンダ エルチコ ⑪

agavoides
× *simulans,* Laguna Sanchez
アガボイデス
×シムランス ラグナサンチェス⑪

agavoides hybrid
× *agavoides* 'Ebony' hybrid
アガボイデス ハイブリッド
×エボニー ハイブリッド ⑮

agavoides hybrid
× *laui*
アガボイデス ハイブリッド
×ラウイ ⑮

Echeveria agavoides 'Ebony' hybrids
アガボイデス エボニー交配種

アガボイデス系のなかでも、くっきりしたエッジが入るエボニーの人気は高い。
くっきりしたエッジを受け継いだ交配種も人気がある。
アガボイデス同様、結実もしやすく、発芽率も高い優秀な交配親。

agavoides 'Ebony'
× *agavoides* 'Romeo'
アガボイデス エボニー（良系）
×アガボイデス ロメオ（レッドエボニー）⑰

agavoides 'Ebony'
× *agavoides* 'Soufuren'
アガボイデス エボニー
×アガボイデス 相府蓮⑬

agavoides 'Ebony'
× *chihuahuaensis*
アガボイデス エボニー
×チワワエンシス⑬

agavoides 'Ebony'
× *chihuahuaensis*, Yecora
アガボイデス エボニー
×チワワエンシス イェコラ ⑮

agavoides 'Ebony'
× *cuspidata* var. *zaragozae*
アガボイデス エボニー（良系）
×黒爪ザラゴーサ⑰

(*agavoides* 'Ebony' × *cuspidata* var. *zaragozae*)
× 'Sarahimebotan'
（アガボイデス エボニー×ザラゴーサ）
×沙羅姫牡丹⑧

agavoides 'Ebony'
× *elegans* var. *kesselringiana*
アガボイデス エボニー
×エレガンス ケッセルリンギアナ⑬

agavoides 'Ebony' × *hyalina*
Echeveria 'Kurenai'
アガボイデス エボニー×ヒアリナ
エケベリア 紅（くれない） ⑮

agavoides 'Ebony'
× *hyalina* (*halbingeri sanchez-mejoradae*)
アガボイデス エボニー
×ヒアリナ（ハルビンゲリ サンチェスメホラダエ）⑳

agavoides 'Ebony'
× *hyalina,* La Paz Guanajuato
アガボイデス エボニー
×ヒアリナ ラパス グアナファト⑩

agavoides 'Ebony'
× 'Laulensis'
アガボイデス エボニー
×ラウレンシス⑳

agavoides 'Ebony'
× *minima* hybrid
アガボイデス エボニー
×ミニマ ハイブリッド⑮

agavoides 'Ebony'
× 'Sarahimebotan'
アガボイデス エボニー
×沙羅姫牡丹⑬

agavoides 'Black Ebony'
× 'Sarahimebotan'
アガボイデス ブラックエボニー
×沙羅姫牡丹⑬

agavoides 'Ebony',Hidalgo
× *colorata* fa *colorata* ('Lindsayana')
アガボイデス エボニー イダルゴ
×リンゼアナ⑳

agavoides 'Ebony' hybrid
× *colorata* 'Mexican Giant'
アガボイデス エボニーハイブリッド
×コロラータ メキシカン ジャイアント⑮

agavoides 'Ebony' hybrid
× 'Ladies Finger' (*agavoides* hybrid)
アガボイデス エボニーハイブリッド
×レディース フィンガー⑮

agavoides 'Ebony' hybrid
× *laui*
アガボイデス エボニーハイブリッド
×ラウイ⑮

Echeveria agavoides 'Electra' hybrids
アガボイデス エレクトラ交配種

エレクトラとは、ギリシア神話に登場する女性の名前で、同名の女性が数名いるうちの1人。
ロメオの実生のなかでロメオルビンほどは赤くならずに、エッジがくっきり出たものの選抜を、おそらくアガボイデス エレクトラとしている。ルビンと差別化しているのかもしれません。

agavoides 'Electra'
× *colorata* fa *colorata* ('Lindsayana')
アガボイデス エレクトラ
×リンゼアナ⑳

agavoides 'Electra'
× *colorata* fa *colorata* ('Lindsayana')
アガボイデス エレクトラ
×リンゼアナ⑳

agavoides 'Romeo Electra'
× *shaviana*
アガボイデス ロメオエレクトラ
×シャビアナ⑤

Echeveria agavoides 'Ebony'
Superclone hybrids
アガボイデス エボニー
スーパークローン 交配種

エボニーのなかでも、エッジが特に黒く太く、葉の裏まで黒く染まるタイプの選抜がエボニー スーパークローン。赤ではなく、黒くなるなのが魅力的。
エッジは、生育環境によっても左右される。

agavoides 'Ebony' Superclone
× *agavoides* 'Romeo Rubin'
アガボイデス エボニー スーパークローン
×アガボイデス ロメオルビン⑰

agavoides 'Ebony' Superclone
× *chihuahuaensis*
アガボイデス エボニー スーパークローン
×チワワエンシス⑰

agavoides 'Ebony' Superclone
× *hyalina*, La Paz Guanajuato
アガボイデス エボニー スーパークローン
×ヒアリナ ラパス グアナファト⑳

agavoides 'Ebony' Superclone
× *hyalina*, La Paz Guanajuato
アガボイデス エボニー スーパークローン
×ヒアリナ ラパス グアナファト⑳

agavoides 'Ebony' Superclone
× *simulans*, Laguna Sanchez
アガボイデス エボニー スーパークローン
×シムランス ラグナサンチェス⑰

Echeveria agavoides 'Giselle' hybrids
アガボイデス ジゼル 交配種

Echeveria agavoides 'Romeo' hybrids
アガボイデス ロメオ 交配種

アガボイデス ロメオはアガボイデス コーデュロイ（*E. agavoides* 'Corderoyi'）の実生から出た突然変異でドイツ生まれのエケベリア。一年を通してピンクに色づき、紅葉期の冬ではなく、暑い夏に色濃く染まる。タウラス（スペルの読み違いのトーラスも含む）・レッドエボニー・パープルエボニーと呼ばれているものも、基本的にロメオ。

agavoides 'Giselle'
× *cuspidata,* Menchaca
アガボイデス ジゼル
×クスピダータ メンチャカ⑪

agavoides 'Romeo'
× *chihuahuaensis*
アガボイデス ロメオ
×チワワエンシス②

agavoides 'Romeo'
× *chihuahuaensis*
アガボイデス ロメオ
×チワワエンシス⑬

agavoides 'Romeo'
× *chihuahuaensis,* Yecora
アガボイデス ロメオ（タウラス）
×チワワエンシス イェコラ⑮

agavoides 'Romeo'
× *chihuahuaensis,* Yecora
アガボイデス ロメオ
×チワワエンシス イェコラ⑰

agavoides 'White Romeo'
× *chihuahuaensis,* Yecora
アガボイデス ホワイトロメオ
×チワワエンシス イェコラ②

agavoides 'Romeo'
× *colorata* fa *colorata*
アガボイデス ロメオ
×コロラータ⑬

agavoides 'Romeo'
× *colorata* Tapalpa
アガボイデス ロメオ（タウラス）
×コロラータ タパルパ⑮

agavoides 'Romeo'
× *cuspidata,* Menchaca
アガボイデス ロメオ
×クスピダータ メンチャカ⑬

agavoides 'Romeo' × *elegans*
Echeveria 'Mizuki'
アガボイデス ロメオ（タウラス） ×エレガンス（月影）
エケベリア 美月（みづき） ⑮

agavoides 'Romeo'
× *elegans* var. *kesselringiana*
アガボイデス ロメオ（パープルエボニー）
×エレガンス ケッセルリンギアナ⑮

agavoides 'Romeo'
× *elegans* var. *kesselringiana*
アガボイデス ロメオ
×エレガンス ケッセルリンギアナ⑳

agavoides 'Romeo' × *laui*
Echeveria 'Bonbon'
アガボイデス ロメオ（トーラス）×ラウイ
エケベリア ボンボン⑮

agavoides 'Romeo'
× 'Laulinze'
アガボイデス ロメオ（タウラス）
×ラウリンゼ ⑮

agavoides 'Romeo'
× *lilacina*
アガボイデス ロメオ（トーラス）
×リラシナ⑮

agavoides 'Romeo'
× *minima*
アガボイデス ロメオ（パープルエボニー）
×ミニマ⑮

agavoides 'Romeo'
× 'Momotaro'
アガボイデス ロメオ
×桃太郎㉑

agavoides 'Romeo'
× 'Sarahimebotan'
アガボイデス ロメオ
×沙羅姫牡丹②

agavoides 'Romeo'
× *shaviana,* Peregrina
アガボイデス ロメオ（レッドエボニー）
×シャビアナ ペレグリナ⑨

agavoides 'Romeo'
× *simulans,* Ascension
アガボイデス ロメオ（タウラス）
×シムランス アセンシオン⑳

agavoides 'Romeo'
× *tobarensis*
アガボイデス ロメオ
×トバレンシス⑤

agavoides 'Romeo'
× *tolimanensis*
アガボイデス ロメオ（トーラス）
×トリマネンシス⑮

agavoides 'Romeo'
× *tolimanensis*
アガボイデス ロメオ（レッドエボニー）
×トリマネンシス⑳

agavoides 'Romeo'
× *tolimanensis*
アガボイデス ロメオ（タウラス）
×トリマネンシス⑳

Echeveria ***agavoides*** 'Rubra' hybrids
アガボイデス ルブラ 交配種

アカボイデスのなかでも特に大型で、真っ赤になるルブラは、ラテン語で「赤」を意味する。
交配親としては、なかなか花が咲かないうえ、結実しづらい性質を持つので、交配種が少ない。

agavoides 'Rubra'
× 'Hanazukiyo'
アガボイデス ルブラ
×花月夜⑳

agavoides 'Rubra'
× *hyalina* (*halbingeri sanchez-mejoradae*)
アガボイデス ルブラ
×ヒアリナ(ハルビンゲリ サンチェスメホラダエ) ⑳

Echeveria agavoides 'Romeo Rubin' hybrids
アガボイデス ロメオルビン 交配種

アガボイデス ロメオのなかから出た黒に近いほどの濃赤のエケベリアをさらに選抜したもの。
ルビン（*Rubin*）は、ドイツ語でルビーという意味。
ロメオルビンの種子をまいても、すべてこの濃赤になるとは限らない。冬にピンクにまで葉色が薄くなるロメオと違って、ロメオルビンは通年この色をたもっている。
葉に粉（ブルーム）がなく光沢があるので、夏の暑さに弱いのが難点だが、交配親としては垂涎となっている。

agavoides 'Romeo Rubin' × *chihuahuaensis,* Yecora Echeveria 'Rouge roi'
アガボイデス ロメオルビン×チワワエンシス イェコラ
エケベリア ルージュロワ（赤い王様）㉑

agavoides 'Romeo Rubin' × *chihuahuaensis,* Yecora
アガボイデス ロメオルビン ×チワワエンシス イェコラ⑮

agavoides 'Romeo Rubin' × *carnicolor*
アガボイデス ロメオルビン ×カルニカラー⑮

agavoides 'Romeo Rubin' × *laui*
Echeveria 'Shirenka'
アガボイデス ロメオルビン×ラウイ
エケベリア 紫蓮花（しれんか）㉑

agavoides 'Romeo Rubin' × *simulans,* Laguna Sanchez
アガボイデス ロメオルビン ×シムランス ラグナサンチェス⑰

Echeveria agavoides 'Sirius' hybrids
アガボイデス シリウス 交配種

韓国で多く流通していて、細いたくさんの葉と爪が目立つエケベリア。
交配種らしいが、正確な情報はない。
シリウスは、おおいぬ座で最も明るい恒星で、太陽を除けば地球上から見える最も明るい星。韓国で付けられた名前には星座や星の名前が多い。

agavoides 'Sirius' × 'Sarahimebotan'
アガボイデス シリウス ×沙羅姫牡丹⑳

agavoides 'Sirius' × 'Sarahimebotan'
アガボイデス シリウス ×沙羅姫牡丹⑳

Echeveria agavoides 'Soufuren' hybrids
アガボイデス 相府蓮 交配種

アガボイデス 相府蓮（*E.agavoides* 'Soufuren'）は、1965年頃に日本に輸入されたらしいエケベリアで、交配種だという説が有力。
紅葉期には真っ赤になるので、交配親として人気があり、結実もしやすく、もう片親を選べばさらに赤い品種が作れる。交配種は似た雰囲気になるが、どれも見応えがあるエケベリアができる。

agavoides 'Soufuren'
× 'Blue Bird'
アガボイデス 相府蓮
×ブルーバード⑬

agavoides 'Soufuren'
× *chihuahuaensis*
アガボイデス 相府蓮
×チワワエンシス⑮

agavoides 'Soufuren'
× *colorata* fa *colorata* ('Lindsayana')
アガボイデス 相府蓮
×リンゼアナ⑳

agavoides 'Soufuren'
× *colorata* Tapalpa
アガボイデス 相府蓮
×コロラータ タパルパ⑬

agavoides 'Soufuren'
× *cuspidata* var. *zaragozae*
アガボイデス 相府蓮（臼田）
×ザラゴーサ⑬

agavoides 'Soufuren'
× *derenbergii*
アガボイデス 相府蓮
×デレンベルギー（和名：静夜）⑮

agavoides 'Soufuren'
× *elegans* var. *kesselringiana*
アガボイデス 相府蓮
×エレガンス ケッセルリンギアナ⑬

agavoides 'Soufuren'
× 'Gilva' (*agavoides* × *elegans*)
アガボイデス 相府蓮
×ギルバ（アガボイデス×エレガンス）⑮

agavoides 'Soufuren'
× *hyalina*
アガボイデス 相府蓮
×ヒアリナ⑫

agavoides 'Soufuren'
× 'La-Colo' (*laui* × *colorata*)
アガボイデス 相府蓮
×ラ・コロ（ラウイ×コロラータ）⑫

agavoides 'Soufuren'
× 'Novahineriana'
アガボイデス 相府蓮×ノバヒネリアナ
（ザラゴーサノバ×キルヒネリアナ）⑬

agavoides 'Soufuren'
× *simulans*, Laguna Sanchez
アガボイデス 相府蓮
×シムランス ラグナサンチェス⑬

agavoides 'Soufuren'
× *tolimanensis*
アガボイデス 相府蓮
×トリマネンシス⑬

agavoides 'Soufuren'
× *tolimanensis*
アガボイデス 相府蓮
×トリマネンシス⑨

((*agavoides* 'Soufuren' × *tolimanensis*)
× 'Sarahimebotan') × 'La Joya'
Echeveria 'Kitsunebi'
（（アガボイデス 相府蓮 ×トリマネンシ
ス）×沙羅姫牡丹）×ラ・ホヤ
エケベリア 狐火（きつねび 2018）①

Echeveria affinis hybrids
アフィニス 交配種

アフィニス（*E.affinis*）は、原種に分類さ
れているが、明確な産地の記載はない。
黒いエケベリアは、夏に弱く、ダニに好か
れやすいが暑い時期に黒さが増す。
開花時期が夏なので、結実しづらい。夏の
気温が低い地方では結実しやすいようです。
ブラック ナイト（E. 'Black Knight'）は同じ
種。ほか他の国で付けられた名前のまま流
通しているのかもしれない。

affinis × *cuspidata*
アフィニス×クスピダータ③

affinis × *laui*
アフィニス×ラウイ③

Echeveria 'Alba' hybrids

アルバ交配種

あまり紅葉はしないアルバ（E.'Alba'）ですが、むっちりした姿は人気がある。ところが、交配するものにかかわらず、姿も葉色も変化に乏しく、「アルバ無双」と呼ばれる始末。いつかカラを破る日はくるのでしょうか。アルバ自体は交配種だと言われていますが、両親についての情報はありません。ラテン語の読みは「アルブム」、意味は「白い」。

'Alba' × 'Blue Bird'
アルバ×ブルーバード⑳

'Alba' × *elegans*
アルバ×エレガンス（月影）⑮

('Alba' × *hyalina*) × *eurychlamys*
（アルバ×ヒアリナ）×エウリクラミス⑧

'Alba' × *hyalina,* La Paz Guanajuato
アルバ×ヒアリナ ラパス グアナファト⑥

'Alba' × 'Laulinze'
アルバ×ラウリンゼ⑮

'Alba' × *longissima* var. *longissima*
アルバ×ベルバラ（ロンギシマ）⑮

'Alba' × *secunda,* Puebla
アルバ×セクンダ プエブラ⑮

'Alba' × spec. nov. Zaragoza
アルバ×ザラゴーサ sp. ノバ⑮

'Alba' × 'Vincent Catto'
アルバ×ビンセント カトー⑮

Echeveria 'Albabini' hybrids
アルバ美尼 交配種

アルバ美尼（*E.*'Albabini'）は交配の先駆者である根岸氏の交配種。
交配式は、アルバ（'Alba'）×ミニマ（*minima*）
アルバと同様に、大きく姿が変わる交配は少ないが、逆にその姿が好きすぎて交配する人が多い。

'Albabini' × *agavoides* 'Romeo'
アルバ美尼×アガボイデス ロメオ（レッドエボニー）⑰

'Albabini' × *chihuahuaensis*
アルバ美尼×チワワエンシス④

'Albabini' × *colorata* fa *colorata* ('Lindsayana')
アルバ美尼×コロラータ リンゼアナ⑮

'Albabini' × 'Laulensis'
アルバ美尼×ラウレンシス⑤

'Albabini' × *longissima* var. *longissima*
アルバ美尼×ベルバラ（ロンギシマ）⑧

'Albabini' × *simulans,* Laguna Sanchez
アルバ美尼×シムランス ラグナサンチェス⑰

'Albabini' × 'Pinwheel'
アルバ美尼×ピンウィール⑰

'Albabini' × 'Pinwheel'
アルバ美尼×ピンウィール⑮

Echeveria aurantiaca hybrids
アウランティアカ 交配種

aurantiaca × *simulans,* Ascension
Echeveria 'Karuraen'
アウランティアカ ×シムランス アセンシオン
エケベリア 迦楼羅炎（かるらえん 2018）①

Echeveria 'Blue Bird' hybrids ブルーバード 交配種

ブルーバード（E.'Blue Bird'）は、Frank Reainelt（フランクレイネルト）氏のハイブリッド。交配式には諸説ある。カンテ（*E. cante*）×デスメチアナ サブセシリス（*E. desmetiana* 'Subsessilis'）と当初はいわれていましたが、いまはコロラータ（*E. colorata*）とデスメチアナ（*E. desmetiana*）が有力。青みがかった白色の厚い葉が美しく、茎立ちして下葉が垂れると、スカートをはいているような姿になる。株が大きくなると、結実しやすくなる。

'Blue Bird' × *caamanoi,* Puebla
ブルーバード
×カマノイ プエブラ⑪

'Blue Bird' × *hyalina,* La Paz Guanajuato
ブルーバード
×ヒアリナ ラパス グアナファト⑯

'Blue Bird' × *laui*
ブルーバード
×ラウイ⑮

Echeveria 'Blue minima' hybrids ブルーミニマ 交配種

ブルーミニマ（E.'Blue minima'）は、いろいろあるミニマの交配種のなかのひとつ。両親の情報は不明だ。
夏には、ミニマ（*E.minima*）と見分けがつきづらいが、ひとつのエケベリアに、ミニマとブルーミニマを交配してみると違いが出る。
ミニマの交配種の姿は、ミニマによく似たものができる。

'Blue minima' × *laui*
Echeveria 'Akatsuki'
ブルーミニマ×ラウイ
エケベリア 暁（あかつき）⑮

'Blue minima'
× *lilacina*
ブルーミニマ
×リラシナ⑮

Echeveria bifida hybrids ビフィダ交配種

bifida, Gto
× *strictiflora,* Sierra Delicias
ビフィダ グアナファト
×ストリクチフローラ シエラデリシャス ③

Echeveria brachetii hybrids ブラケッティー交配種

brachetii
× *laui*
ブラケッティー
×ラウイ ③

カマノイ プエブラ（E.caamanoi, Puebla）には、くっきり濃いエッジを持つものとあまりエッジが出ないものがある。花芽はあげやすく、切っても切っても何本もあがってくる。花自体は小さい。交配に使われるのは、主に濃いエッジを受け継がせたい場合が多い。結実した種子は黒くて丸い。

caamanoi, Puebla
× *agavoides* 'Romeo'
カマノイ プエブラ
×アガボイデス ロメオ（レッドエボニー）⑩

caamanoi, Puebla
× *agavoides* 'Romeo'
カマノイ プエブラ
×アガボイデス ロメオ（レッドエボニー）⑩

caamanoi, Puebla
× *colorata* fa *colorata*
カマノイ プエブラ
×コロラータ⑬

caamanoi, Puebla
× *colorata* Tapalpa
カマノイ プエブラ
×コロラータ タパルパ⑨

caamanoi, Puebla
× *colorata* 'Mexican Giant'
カマノイ プエブラ
×コロラータ メキシカン ジャイアント⑬

caamanoi, Puebla
× *elegans* var. *kesselringiana*
カマノイ プエブラ
×エレガンス ケッセルリンギアナ⑬

caamanoi, Puebla
× *longissima* var. *brachyantha*
カマノイ プエブラ
×ロンギシマ ブラキアンサ③

caamanoi, Puebla
× *simulans*, Laguna Sanchez
カマノイ プエブラ
×シムランス ラグナサンチェス⑰

caamanoi, Puebla
× *xichuensis*
カマノイ プエブラ
×クシクエンシス③

Echeveria calderoniae hybrids
カルデロニアエ 交配種

カルデロニアエ（*E.calderoniae*）の通年緑の細い葉と花は、交配種にかなり近い姿で受け継がれる確率が高いようだ。
×アルバ交配種がここまでアルバが出ないのは、めずらしい。

calderoniae
× 'Alba'
カルデロニアエ
×アルバ③

calderroniae
× *longissima* var. *brachyantha*
カルデロニアエ
×ロンギシマ ブラキアンサ③

Echeveria calycosa hybrids
カリコサ 交配種

calycosa
× Catorce
カリコサ
×カトルス③

Echeveria carnicolor hybrids
カルニカラー交配種

和名：銀明色
カルニカラーには、タイプが２種ある。
赤茶色の葉のダニに好かれやすいタイプと、もうひとつのカルニカラー グラウ・グレー（*E.carnicolor* grau-gray ）は、グレー～ピンクに葉の色が変わる。
どちらも、ポロポロと落ちやすい葉からよく芽が出る。

carnicolor grau-gray × *derenbergii*
カルニカラー（グラウ／グレー）
×デレンベルギー（和名：静夜）⑮

carnicolor grau-gray × *elegans*
カルニカラー（グラウ／グレー）
×エレガンス（和名：月影）⑮

carnicolor grau-gray × 'Laulinze'
カルニカラー（グラウ／グレー）
×ラウリンゼ⑮

carnicolor grau-gray × *minima*
カルニカラー（グラウ／グレー）
×ミニマ⑮

carnicolor grau-gray × 'Pinwheel'
カルニカラー（グラウ／グレー）
×ピンウィール⑮

カンテ（*E.cante*）は、ブルーの葉を優雅に広げる別格の美種。カンテという名前は、「生命を与える水」を意味するパメ・チチメカ語に由来する。
暑い時期の交配は結実しづらいといわれているのに、花芽をあげるのが夏近くなるカンテはハイブリッドができづらい。俗説かもしれないが、海の近くのほうが結実しやすいということもいわれている。

cante, Fresnillo
× *agavoides* 'Romeo'
カンテ フレスニヨ
×アガボイデス ロメオ⑧

cante, Fresnillo
× *colorata* fa *colorata*
カンテ フレスニヨ
×コロラータ⑧

cante, Fresnillo
× *peacockii*
カンテ フレスニヨ
×ピーコッキー③

cante, Fresnillo
× 'Pinwheel'
カンテ フレスニヨ
×ピンウィール③

cante Fresnillo
× *secunda*, Puebla
カンテ フレスニヨ
×セクンダ プエブラ③

cante, Fresnillo
× *simulans*, Laguna Sanchez
カンテ フレスニヨ
×シムランス ラグナサンチェス⑧

cante, Fresnillo
× *simulans*, Siberia
カンテ フレスニヨ
×シムランス シベリア⑧

cante
× *shaviana*, Peregrina
カンテ
×シャビアナ ペレグリナ⑪

cante, Fresnillo
× *strictiflora*, Sierra Delicias
カンテ フレスニヨ
×ストリクチフローラ シエラデリシャス③

Echeveria Catorce (provisional name) hybrids
カトルス（仮称）交配種

シノニム（*Synonym*）：sp. *Real de catorce*
カトルス（E. Catorce）と名前が変わったが、まだ原種として認定されてはいない。
ブルー葉と紫葉の2タイプある。葉は、雨樋いのような形の「みぞ葉」で、揺らぎがあって、ハイブリッドに遺伝するとおもしろいものができる。

Catorce
× *lutea*
カトルス
×ルテア ③

Catorce
× *longissima* var. *brachyantha*
カトルス
×ロンギシマ ブラキアンサ③

Catorce
× *shaviana*, Peregrina
カトルス
×シャビアナ ペレグリナ③

Catorce
× *shaviana*, Peregrina
カトルス
×シャビアナ ペレグリナ⑨

Catorce
× *strictiflora*, Sierra Delicias
カトルス
×ストリクチフローラ シエラデリシャス ③

Echeveria chihuahuaensis hybrids
チワワエンシス交配種

チワワエンシス（*E.chihuahuaensis*）のハイブリッドは、かわいらしいエケベリアができるので交配親として人気なのだが、なかなか花芽があがらない。たとえ花が咲いたとしても、その後、成長点がなくなって分頭するなどの難点があり使いづらい。
交配しても母親としての交配種はほとんどできない。父親のほうができる確率が高い。

chihuahuaensis × 'Shirayukihime'
Echeveria 'Ichigoyuki'
チワワエンシス×白雪姫
エケベリア 苺雪（いちごゆき）⑩

chihuahuaensis
× *simulans*, Ascension
チワワエンシス
×シムランス アセンシオン⑨

Echeveria chihuahuaensis, Yecora hybrids
チワワエンシス イェコラ交配種

ファンが多いチワワ系で、成長点が家出しないタイプ。普及しだしたのは、わりに最近なので、ハイブリッドの種類は多くない。
花も咲きやすく、交配にはこちらを使うほうが容易。

chihuahuaensis, Yecora × *agavoides* 'Romeo Rubin'
Echeveria 'Beni-Seiun'
チワワエンシス イェコラ
×アガボイデス ロメオルビン
エケベリア 紅星雲（べにせいうん 2019）①

chihuahuaensis, Yecora
× *colorata* fa *colorata*
チワワエンシス イェコラ
×コロラータ⑰

chihuahuaensis, Yecora
× *cuspidata*, Parras
チワワエンシス イェコラ
×クスピダータ パラス⑲

chihuahuaensis, Yecora
× *elegans*
チワワエンシス イェコラ
×エレガンス ④

chihuahuaensis, Yecora
× *guerrerensis*
チワワエンシス イェコラ
×グエレレンシス③

chihuahuaensis, Yecora
× *shaviana*, Peregrina
チワワエンシス イェコラ
×シャビアナ ペレグリナ⑮

chihuahuaensis, Yecora
× spec. nov. Zaragoza
チワワエンシス イェコラ
×ザラゴーサ sp. ノバ ⑰

chihuahuaensis, Yecora
× 'Vincent Catto'
チワワエンシス イェコラ
×ビンセント カトー ⑤

Echeveria colorata hybrids
コロラータ交配種

エケベリアでは、*colorata* fa *colorata* と、*colorata* fa *brandtii* は fa を使うのが正式な表記。コロラータは、株がある程度の大きさにならないと花芽があがらないようなので、花芽付きの株を探してみるのほうが早いかもしれない。誰もがまず作りたいと願う交配なのですが、なかなか花が咲かないという難物。

colorata fa *colorata*
× *agavoides* 'Romeo'
コロラータ
×アガボイデス ロメオ⑮

colorata fa *colorata*
× *agavoides* 'Romeo Rubin'
コロラータ
×アガボイデス ロメオルビン⑰

colorata fa *colorata*
× *cuspidata* var. *zaragozae*
コロラータ
×黒爪ザラゴーサ ⑦

colorata fa *colorata* × *elegans*
Echeveria 'Katie'
コロラータ×エレガンス（和名：月影）
エケベリア ケイティ⑨

colorata fa *colorata*
× *elegans*
コロラータ
×エレガンス（和名：月影） ⑮

colorata fa *colorata* ×（*elegans*
× *cuspidata* var. *zaragozae* ）
コロラータ×（エレガンス（和名：月影）
×クスピダータ ザラゴザエ） ③

(*colorata* fa *colorata* × *elegans* var.
kesselringiana) ×（*laui* × *colorata* fa *brandtii*）
（コロラータ×エレガンス ケッセルリンギアナ）
×（ラウイ×コロラータ ブランドティ） ⑧

colorata fa colorata × *elegans* var. *kesselringiana*
Echeveria 'Monange'
コロラータ×エレガンス ケッセルリンギアナ
エケベリア モナンジュ⑨

colorata fa *colorata*
× 'Fire Pillar'
コロラータ
×ファイヤーピラー⑳

colorata fa *colorata*
× *hyalina* (*halbingeri sanchez-mejoradae*)
コロラータ
×ヒアリナ（ハルビンゲリ サンチェスメホラダエ）⑳

colorata fa *colorata*
× *lilacina*
コロラータ
×リラシナ ⑳

colorata fa *colorata*
× 'Pinwheel'
コロラータ
×ピンウィール ⑮

colorata fa *colorata*
× *pulvinata* 'Frosty'
コロラータ
×プルビナータ フロスティ③

colorata fa *colorata*
× *simulans*, Ascension
コロラータ
×シムランス アセンシオン ③

colorata fa *colorata*
× *tolimanensis*
コロラータ
×トリマネンシス ⑮

colorata fa *colorata*
× 'Vincent Catto'
コロラータ
×ビンセント カトー ④

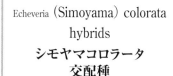

Echeveria (Simoyama) colorata hybrids
シモヤマコロラータ交配種

シモヤマコロラータは、コロラータよりは、どちらかというと桃太郎に似た雰囲気のエケベリア。
おそらく韓国苗で、シモヤマというのが名前なのかどうかもわからない。

colorata
× *hyalina*, Gilo
シモヤマコロラータ
×ヒアリナ ヒロ⑲

Echeveria colorata fa colorata ('Lindsayana') hybrids

リンゼアナ交配種

リンゼアナ（*E.colorata* fa *colorata* ('Lindsayana')）はいまだに産地が明確ではないので原種に認められていない。採取地も忘れられた。リンゼアナという名前は採取した人が名付けたもので、雑誌の表紙をかざって以来、美しさは注目を集めている。なかなか開花しないコロラータと違って、小さくとも咲くといわれている。現在はコロラータに含まれる種とされた。

colorata fa *colorata* ('Lindsayana')
× *agavoides* 'Sirius'
リンゼアナ
×アガボイデス シリウス⑳

colorata fa *colorata* ('Lindsayana')
× *carnicolor*
リンゼアナ
×カルニカラー⑳

colorata fa *colorata* ('Lindsayana')
× *chihuahuaensis*
リンゼアナ
×チワワエンシス⑬

colorata fa *colorata* ('Lindsayana')
× *hyalina*
リンゼアナ
×ヒアリナ⑬

colorata fa *colorata* ('Lindsayana')
× *hyalina*
リンゼアナ
×ヒアリナ⑳

colorata fa *colorata* ('Lindsayana')
× *hyalina*
リンゼアナ
×ヒアリナ⑳

colorata fa *colorata* ('Lindsayana')
× *cuspidata,* Menchaca
リンゼアナ
×クスピダータ メンチャカ⑳

colorata fa *colorata* ('Lindsayana')
× *simulans,* Laguna Sanchez
リンゼアナ
×シムランス ラグナサンチェス⑨

colorata fa *colorata* ('Lindsayana')
× spec. nov. Zaragoza
リンゼアナ
×ザラゴーサ sp. ノバ⑮

colorata fa *colorata* ('Lindsayana')
× *tobarensis*
リンゼアナ
×トバレンシス⑰

colorata fa *colorata* ('Lindsayana')
× *tolimanensis*
リンゼアナ
×トリマネンシス⑬

colorata fa *colorata* ('Lindsayana')
× 'Vincent Catto'
リンゼアナ
×ビンセント カトー⑤

Echeveria colorata 'Mexican Giant' hybrids
コロラータ メキシカン ジャイアント交配種

メキシカンジャイアントは発見された場所が明確ではなく、原種と認められていない。二和（ふたわ）園の向山（むこうやま）氏が、オーストラリアから日本に初めて持ち込んだ種として有名。
エケベリアのなかで１番肉厚な葉を持つ。交配に使いたいと思っても、株が大きくならないと花が咲かない。ハイブリッドはできやすいが、メキシカンジャイアントに形が酷似したものしかできないということと、色の付くハイブリッドができづらいという欠点がある。

colorata 'Mexican Giant'
× *agavoides* 'Ebony' hybrid
コロラータ メキシカン ジャイアント
×アガボイデス エボニーハイブリッド⑮

colorata 'Mexican Giant'
× *agavoides* 'Romeo Rubin'
コロラータ メキシカン ジャイアント
×アガボイデス ロメオルビン⑰

colorata 'Mexican Giant'
× *cuspidata* var. *zaragozae*
コロラータ メキシカン ジャイアント
×黒爪ザラゴーサ⑦

colorata 'Mexican Giant'
× *derenbergii*
コロラータ メキシカン ジャイアント
×デレンベルギー（和名：静夜）⑮

colorata 'Mexican Giant'
× *hyalina*
コロラータ メキシカン ジャイアント
×ヒアリナ⑬

colorata 'Mexican Giant'
× 'Santa Lewis'
コロラータ メキシカン ジャイアント
×サンタルイス⑳

colorata 'Mexican Giant'
× *tolimanensis*
コロラータ メキシカン ジャイアント
×トリマネンシス⑳

colorata 'Mexican Giant'
× 'Vincent Catto'
コロラータ メキシカン ジャイアント
×ビンセント カトー⑳

Echeveria **colorata Tapalpa hybrids**
コロラータ タパルパ交配種

コロラータ タパルパ（*E.colorata* Tapalpa）の産地は、メキシコのハリスコ州にある。メキシコ政府観光局により、魔法のように魅惑的として選出されているプエブロ・マヒコという場所。
タパルパのふっくらした葉を受け継がせたり、父親の色も出しやすいので、最近はコロラータよりも交配親として人気の種。

colorata Tapalpa
× *caamanoi*, Puebla
コロラータ タパルパ
×カマノイ プエブラ⑬

colorata Tapalpa
× *caamanoi*, Puebla
コロラータ タパルパ
×カマノイ プエブラ⑨

colorata Tapalpa
× *chihuahuaensis*
コロラータ タパルパ
×チワワエンシス⑳

colorata Tapalpa × *chihuahuaensis*, Yecora
Echeveria 'Sudden Death'
コロラータ タパルパ×チワワエンシス イェコラ
エケベリア サドンデス (2018) ①

colorata Tapalpa × (*elegans*
× *halbingeri*, San Joaquin)
コロラータ タパルパ×（エレガンス
×ハルビンゲリ サンホアキン）(2018) ①

colorata Tapalpa
× 'Elegarbin'
コロラータ タパルパ
×エレガルビン⑥

colorata Tapalpa × *hyalina* (*halbingeri sanchez-mejoradae*) Echeveria 'Suzu'
コロラータ タパルパ×ヒアリナ（ハルビンゲリ サンチェス メヨラダエ）エケベリア 寿々（すず）⑮

colorata Tapalpa × 'Ice Blue Bird'
Echeveria 'Yuki-no-Hate'
コロラータ タパルパ×アイス ブルー バード
エケベリア 雪の果（ゆきのはて）（2018）①

colorata Tapalpa
× 'Novahineriana'
コロラータ タパルパ
×ノバヒネリアナ⑨

colorata Tapalpa
× 'Sarahimebotan'
コロラータ タパルパ
×沙羅姫牡丹 ⑮

colorata Tapalpa
× *simulans,* Laguna Sanchez
コロラータ タパルパ
×シムランス ラグナサンチェス ⑳

Echeveria colorata hybrids
野生コロラータ交配種

colorata × *hyalina* (*halbingeri sanchez-mejoradae*)
野生コロラータ ×ヒアリナ（ハルビンゲリ サンチェスメホラダエ）⑰
野生コロラータはおそらくタパルパ。

Echeveria colorata 'Roof' hybrids
コロラータ ルーフ交配種

スペインでエケベリアを栽培しているゴンザレス氏の家の屋根に生えたので、コロラータ ルーフ（*E.colorata* 'Roof'）としたそうです。
形はコロラータよりもふっくらしていて、紅葉は薄く紫がかる。

colorata 'Roof'
× *simulans,* Laguna Sanchez
コロラータ ルーフ
×シムランス ラグナサンチェス ⑨

colorata 'Roof'
× spec. nov. Zaragoza
コロラータ ルーフ
×ザラゴーサ sp. ノバ ⑨

Echeveria compressicaulis hybrids
コンプレッシカウリス交配種

コンプレッシカウリス（*E.compressicaulis*）のロゼットは小型で、茎立ちする。最近見かけなくなったいわゆる地味な原種。交配すると葉色の茶が強く出るようです。

compressicaulis
× *purpusorum*
コンプレッシカウリス
×プルプソルム（和名：大和錦）③

（*compressicaulis* × *purpusorum*）
× *longissima* var. *brachyantha*
（コンプレッシカウリス×プルプソルム（和名：大和錦））×ロンギシマ ブラキアンサ③

Echeveria cuspidata hybrids
クスピダータ交配種

現在、クスピダータは下記の2種。
Echeveria cuspidata var. *cuspidata*
Echeveria cuspidata var. *zaragozae*
日本の（黒爪）ザラゴーサとゲミューラは、*cuspidata* var. *zaragozae* に統一され、名前はシノニムになった。クスピダータの花茎は太く多花で、種子も数多くできやすい。

cuspidata var. *cuspidata* × *lilacina*
クスピダータ×リラシナ③

（*cuspidata* var. *cuspidata*
× *simulans*, Laguna Sanchez ）
× *chihuahuaensis*, Yecora
Echeveria 'Haruhayate'
（クスピダータ×シムランス ラグナサンチェス）
×チワワエンシス イェコラ
エケベリア 春疾風（はるはやて 2019）①
俳句の春の季語。春に激しく吹き起こる風から命名した。

cuspidata, Menchaca var. Parrasensis
Parras × *agavoides* 'Romeo Rubin'
Echeveria 'Akatonbo-Kiri'
クスピダータ メンチャカ パラセンシスパラス
×アガボイデス ロメオルビン
エケベリア 紅蜻蛉切（あかとんぼきり 2019）①
天下三名槍のひとつ、蜻蛉切にインスピレーションを得て命名。

cuspidata, Menchaca
×('Sarahimebotan' × *chihuahuaensis*)
Echeveria 'Kimetsu'
クスピダータ メンチャカ
×（沙羅姫牡丹×チワワエンシス）
エケベリア 鬼滅（きめつ）（2018）①
話題の漫画の題名から命名。全体の雰囲気は名前負けしていないと思う。

cuspidata, Menchaca
× *chihuahuaensis*
クスビダータ　メンチャカ
×チワワエンシス ⑬

cuspidata, Menchaca
× *colorata* fa *colorata*
クスビダータ　メンチャカ
×コロラータ ⑬

cuspidata, Menchaca
× *colorata* fa *colorata* ('Lindsayana')
クスビダータ　メンチャカ
×リンゼアナ ⑳

cuspidata, Menchaca
× 'Sarahimebotan'
クスビダータ　メンチャカ
×沙羅姫牡丹⑬

cuspidata, San Roberto
× *sanchez-mejoradae*
クスビダータ　サンロベルト
×サンチェスメホラダエ ⑤

cuspidata var. *zaragozae*
× *chihuahuaensis*
黒爪ザラゴーサ
×チワワエンシス⑳

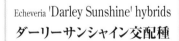

Echeveria 'Darley Sunshine' hybrids
ダーリーサンシャイン交配種

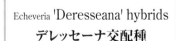

Echeveria 'Deresseana' hybrids
デレッセーナ交配種

(*cuspidata* var. *zaragozae* × *pulidonis*)
× spec. nov. Zaragoza
（ザラゴーサ×プリドニス）
×ザラゴーサ sp. ノバ⑮

'Darley Sunshine'
× *agavoides* 'Romeo'
ダーリーサンシャイン
×アガボイデス ロメオ⑳

'Deresseana'
× *shaviana*, Peregrina
デレッセーナ
×シャビアナ ペレグリナ⑪

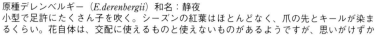

Echeveria derenbergii hybrids
デレンベルギー交配種

原種デレンベルギー（*E.derenbergii*）和名：静夜
小型で足許にたくさん子を吹く。シーズンの紅葉はほとんどなく、爪の先とキールが染まるくらい。花自体は、交配に使えるものと使えないものがあるようですが、思いがけずかわいい交配種ができるので、使いたがる人は多い。ほかに数株集めて、花粉が使えるか試して、使える株にしるしをしておくとよい。

derenbergii × *caamanoi,* Puebla
デレンベルギー×カマノイ プエブラ⑪

derenbergii × *elegans*
デレンベルギー
×エレガンス（和名：月影）④

derenbergii × *elegans* var. *kesselringiana*
デレンベルギー
×エレガンス ケッセルリンギアナ⑨

derenbergii
× 'Momotaro'
デレンベルギー
×桃太郎⑬

derenbergii
× *shaviana,* Peregrina
デレンベルギー
×シャビアナ ペレグリナ⑳

derenbergii × 'Vincent Catto'
Echeveria 'Seirin'
デレンベルギー×ビンセント カトー
エケベリア 静鈴（せいりん）⑪

Echeveria diffractens hybrids
ディフラクテンス交配種

原種ディフラクテンス（*E.diffractens*）は、何本も花芽をあげ、花茎の小葉を転がしておけばほとんど芽を出すし、足許にはたくさん子吹きする丈夫なエケベリア。ときとして、冬と夏、２度も開花する。花期がほかのエケベリアと異なるので、交配したい場合は、花粉を保存しておくのがよい。ピンクの交配種ができやすい。

diffractens × *chihuahuaensis,* Yecora
ディフラクテンス
×チワワエンシス イェコラ⑧

diffractens × *laui*
ディフラクテンス
×ラウイ⑮

diffractens × 'Laulensis'
ディフラクテンス
×ラウレンシス⑮

diffractens
× 'Laulinze'
ディフラクテンス
×ラウリンゼ⑮

diffractens
× 'Sarahimebotan'
ディフラクテンス
×沙羅姫牡丹⑪

diffractens
× *simulans*, Laguna Sanchez
ディフラクテンス
×シムランス ラグナサンチェス ④

Echeveria elegans hybrids
エレガンス交配種

和名：月影
エレガンスには１型しかないため、「fa」は使えなくなった。アルビカンス（*E.albicans*）、ポトシナ（E.Potosina）は、エレガンスのシノニム（*Synonyms*）になっている。
エレガンスは、紅葉はしないものの、夏と違い過ぎる冬の姿に魅せられるファンが多い品種。ハイブリッドは数ができやすい。

elegans
× *agavoides* 'Romeo'
エレガンス
×アガボイデス ロメオ⑮

elegans × *bicolor*
Echeveria 'Honoka'
エレガンス×ビカラー（紅日傘）
エケベリア ほのか ⑦

elegans
× *colorata* fa *colorata*
エレガンス
×コロラータ⑮

elegans
× *cuspidata* var. *zaragozae*
エレガンス
×黒爪ザラゴーサ⑨

elegans
× *cuspidata* var. *zaragozae*
エレガンス
×ザラゴーサ⑬

elegans
× *elegans* var. *kesselringiana*
エレガンス
×エレガンス ケッセルリンギアナ ⑮

elegans
× *eurychlamys*
エレガンス
×エウリクラミス ③

elegans
× *halbingeri*, San Joaquin
エレガンス
×ハルビンゲリ サンホアキン ②

(*elegans* × *hyalina*, La Paz Guanajuato)
× *chihuahuaensis*
(エレガンス×ヒアリナ ラパス グアナファト)
×チワワエンシス ②

(*elegans* × *lilacina*)
× *cuspidata*
(エレガンス×リラシナ)
×クスピダータ ③

(*elegans* × *lilacina*)
× *derenbergii*
(エレガンス×リラシナ)
×デレンベルギー ③

(*elegans* × *lilacina*)
× (*pulidonis* × *derenbergii*)
(エレガンス×リラシナ) ×
(プリドニス×デレンベルギー) ③

elegans
× *pulidonis*
エレガンス
×プリドニス (和名：花うらら) ⑮

elegans
× *setosa* var. *minor*
エレガンス
×セトーサ ミノール (和名：青い渚) ⑬

elegans
× spec. nov. Zaragoza
エレガンス
×ザラゴーサ sp. ノバ⑪

elegans (*albicans*)
× 'Vincent Catto'
エレガンス（アルビカンス）
×ビンセント カトー④

elegans var. *kesselringiana*
× 'Sarahimebotan'
エレガンス ケッセルリンギアナ
×沙羅姫牡丹④

elegans var. *kesselringiana*
× 'Vincent Catto'
エレガンス ケッセルリンギアナ
×ビンセント カトー⑥

Echeveria **elegans**
(Potosina) hybrids
星影交配種

エレガンス ポトシナ（*E.elegans* Potosina）
の和名は星影だといわれてきましたが、ふ
たつが同じ植物かどうかは不明。
そもそもポトシナ自体、野生の原産地が不
明の植物、つまり疑わしい植物です。
現在ポトシナは、エレガンスのシノニムに
なっています。
ここで交配に使われているのは、日本で流
通している星影。
今後は、「エレガンス属・星影」として、
扱っていくのがいいのかもしれません。

elegans (Potosina) × *agavoides* 'Romeo'
星影
×アガボイデス ロメオ（レッドエボニー）⑨

elegans (Potosina) × 'Laulensis'
星影
×ラウレンシス⑯

elegans (Potosina)
× *chihuahuaensis*
星影×チワワエンシス⑨

elegans (Potosina)
× *chihuahuaensis*
星影×チワワエンシス⑬

elegans (Potosina)
× 'Vincent Catto'
星影×ビンセント カトー⑩

エレガンス トラントンゴ交配種

エレガンス トラントンゴ（E.elegans, Tolantongo）は、ドイツのコーレス（英語読み・ドイツ語読みはケレス Köhres）で種子が発売されたときの名前。エレガンス自体はメキシコの広範囲に分布しているが、現在はエレガンスにエレガンス トラントンゴの名前はない。一度しか発売されていないようだ。

elegans, Tolantongo × 'Alba'
エレガンス トラントンゴ
×アルバ④

elegans, Tolantongo × 'Alba'
Echeveria 'Fuka'　エケベリア 風花
エレガンス トラントンゴ×アルバ④

elegans, Tolantongo × *chihuahuaensis*
エレガンス トラントンゴ
×チワワエンシス⑨

Echeveria 'Etna' hybrids
エトナ交配種

エトナ（E. 'Etna'）：Created by Denise Manley（デニース・マンリー）
エトナの交配式：バービリオン（E.'Barbillion'）×マウナ ロア（E.'Mauna Loa'）
両親どちらもコブエケの作出で有名な Dick Wright（ディック・ライト）氏の作品。
マウナ ロアは、*E. gibbiflora* 'Carunculata' とほかの栽培品種を親に持つ複雑なハイブリッド。

'Etna' × *desmetiana*
エトナ×デスメチアナ ③

エトナとロシアンブルー「キャサリン」の大惨事について

　エトナ（E.'Etna'）は、Renee O'Connell（レニー・オコネル）の母 Denise Manley（デニース・マンリー）によって交配され、1981 年 12 月に誕生した。名前は、シチリアのエトナ火山にちなんで付けられた。デニースの親友であるディック・ライトは、エトナの両親は彼自身の美しい交配種であるバービリオンとマウナロアである可能性が高いと同意しています。
　デニースは、冬のある日、エケベリアが凍ってしまうのではないかと心配して、苗を家の中のキッチンに入れた。デニースの猫、ロシアンブルーの『キャサリン』が夜な夜な徘徊し、苗が"ホッケーのパック"になるのではないかと心配になった。早朝に起きてキッチンに行くと、床にエケベリアの苗が散乱していたのです。エトナはなんとか生き残って美しいエケベリアに成長し、キャサリンは美しくて風変わりな猫に成長し、宇宙の秩序は回復したのである。

International Crassulaceae Network より抜粋）

Echeveria 'Fire Lips' hybrids
ファイヤー リップ交配種

ファイヤー リップ（E.'Fire Lips'）は、赤と緑のコントラストがとっても綺麗なエケベリア。葉には微毛がある。

'Fire Lips'
× *agavoides* 'Soufuren'
ファイヤー リップ
×アガボイデス 相府蓮⑦

'Fire Lips'
× *chihuahuaensis*
ファイヤー リップ
×チワワエンシス⑬

'Fire Lips'
× *colorata* fa *colorata* ('Lindsayana')
ファイヤー リップ
×リンゼアナ⑬

'Fire Lips'
× *colorata* 'Mexican Giant'
ファイヤー リップ
×コロラータ メキシカン ジャイアント⑬

'Fire Lips'
× *laui*
ファイヤー リップ
×ラウイ⑦

Echeveria 'Frank Reinelt' hybrids
フランクレイネルト交配種

Echeveria 'Gilva' hybrids
ギルバ交配種

交配式：アガボイデス（*E. agavoides*）×エレガンス（*E. elegans*）
顔はアガボイデス寄りのものからエレガンス寄りのものまである。エレガンスに似たものは、ギルバ ブルーサプライズ（E.'Gilva Blue Surprise'）と呼ばれ流通しているが、同名のリラシナ系交配種とは別の物。

'Frank Reinelt' × *lilacina*
Echeveria 'Lyric'
フランクレイネルト×リラシナ
エケベリア リリック ⑮

'Gilva'
× *chihuahuaensis*
ギルバ
×チワワエンシス⑬

'Gilva'
× *colorata* 'Mexican Giant'
ギルバ
×コロラータ メキシカンジャイアント⑮

'Gilva'
× *derenbergii*
ギルバ
×デレンベルギー（和名：静夜）⑬

'Gilva'
× 'Derosa' (*derenbergii* × *setosa*)
ギルバ
×デローサ⑰

'Gilva'
× 'Momotaro'
ギルバ
×桃太郎⑬

'Gilva'
× 'Sarahimebotan'
ギルバ×沙羅姫牡丹⑬

'GilvanoBara' ('Gilva' × spec. nov. Zaragoza)
× *agavoides* 'Ebony' hybrid
ギルバの薔薇（ギルバ ×ザラゴーサ sp. ノバ）
×アガボイデス エボニー ハイブリッド⑮

Echeveria 'Graessneri' hybrids
グレスネリ交配種

'Graessneri' (*derenbergii* × *pulvinata*)
× 'Vincent Catto'
グレスネリ（デレンベルギー
×プルビナータ）× ビンセント カトー ⑪

Echeveria 'Hanazukiyo' ('Crystal') hybrids
花月夜交配種

交配式：プリドニス（*E. pulidonis*）×エレガンス（*E. elegans*）
花月夜は横森氏の交配種。一方、同じ交配式の 'Crystal'（クリスタル）は海外の方が作出したものとされていたが、いまは「情報がない」となっている。クリスタルという名前は無効になったが、現在も国内では両方の名前で流通している。

'Hanazukiyo'
× *chihuahuaensis*
花月夜
×チワワエンシス⑬

('Hanazukiyo' × *cuspidata* var. *zaragozae*)
× *chihuahuaensis*, Yecora
（花月夜×ザラゴーサ）
×チワワエンシス イェコラ②

('Hanazukiyo' × *cuspidata* var. *zaragozae*)
× 'Vincent Catto'
（花月夜×ザラゴーサ）
×ビンセント カトー⑤

'Hanazukiyo'
× *elegans* var. *kesselringiana*
花月夜
×エレガンス ケッセルリンギアナ⑦

'Hanazukiyo' × (*hyalina*, La Paz Guanajuato
× *simulans*, Ascension Echeveria 'Syunrin'
花月夜×(ヒアリナ ラパス グアナファト×シムランス アセンシオン)
エケベリア 春霖（しゅんりん 2018）①
春の季語から命名

'Hanazukiyo'
× *laui*
花月夜
×ラウイ ⑮

'Hanazukiyo'
× *lilacina*
花月夜
×リラシナ⑪

'Hanazukiyo'
× 'Mexican Poldensis'
花月夜
×メキシコ ポルデンシス⑪

'Hanazukiyo'
× 'Mexican pulidonis'
花月夜
×メキシコ プリドニス⑦

'Hanazukiyo'
× 'Momotaro'
花月夜
×桃太郎⑬

'Hanazukiyo'
× 'Novahineriana'
花月夜
×ノバヒネリアナ⑬

('Hanazukiyo' × 'Novahineriana')
× *laui*
(花月夜×ノバヒネリアナ)
×ラウイ ⑮

'Hanazukiyo'
× 'Sarahimebotan'
花月夜
×沙羅姫牡丹⑥

'Hanazukiyo'
× 'Sarahimebotan'
花月夜 (クリスタル)
×沙羅姫牡丹⑭

'Hanazukiyo'
× 'Shirayukihime'
花月夜
×白雪姫 ⑮

Echeveria halbingeri, San Joaquin hybrids
ハルビンゲリ サンホアキン交配種

halbingeri, San Joaquin
× *hyalina,* La Paz Guanajuato
ハルビンゲリ サンホアキン
×ヒアリナ ラパス グアナファト②

Echeveria 'Hananosoufuren' hybrids
花の想婦蓮交配種

'Hananosoufuren' (*pulidonis* ×
agavoides 'Soufuren') × *hyalina*
花の想婦蓮 (プリドニス (花うらら)
×アガボイデス 相府蓮) ×ヒアリナ⑪

Echeveria heterosepala hybrids
ヘテロセパラ交配種

heterosepala
× *strictiflora,* Sierra Delicias
ヘテロセパラ
×ストリクチフローラ シエラデリシャス③

Echeveria 'Horicolo' hybrids ホリコロ交配種

('Horicolo' × *colorata* fa *colorata* ('Lindsayana'))
× *agavoides* 'Romeo'
(ホリコロ×リンゼアナ)
×アガボイデス ロメオ⑮

('Horicolo' × *colorata* fa *colorata* ('Lindsayana'))
× *agavoides* 'Romeo Rubin'
Echeveria 'Rouge Reine'
(ホリコロ ×リンゼアナ) ×アガボイデス ロメオルビン
エケベリア ルージュレーヌ (赤い女王) ㉑

'Horicolo'
× 'Sarahimebotan'
ホリコロ
×沙羅姫牡丹⑭

Echeveria 'Hughmillus' hybrids
ヒューミリス交配種

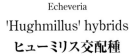

中国では月影の宵 (E. 'Tsukikagenoyoi') にヒューミリス (E.'Hughmillus') という名前が当てられているようですが、親の情報などはない。

'Hughmillus'
× *carnicolor*
ヒューミリス×カルニカラー⑮

'Hughmillus'
× *minima*
ヒューミリス×ミニマ⑬

Echeveria hyalina hybrids
ヒアリナ交配種

基本型のヒアリナ（*E.hyalina*）はあまり紅葉しないタイプのもの。
一時期エレガンスと同種とされていたが、いまは固有の種として認められている。
数年前、ヒアリナの大ブームが起きて、信じられないほど値段が高騰したことも記憶に新しい。基本型より華やかなラパスが流通しはじめたのは、2014、5年のこと。

hyalina
× *agavoides* 'Ebony'
ヒアリナ
×アガボイデス エボニー⑬

hyalina
× *colorata* fa *colorata*
ヒアリナ
×コロラータ⑮

hyalina
× *derenbergii*
ヒアリナ
×デレンベルギー（和名：静夜）⑮

hyalina
× 'Frank Reinelt'
ヒアリナ
×フランクレイネルト⑮

hyalina
× *secunda*, El Encino
ヒアリナ
×セクンダ エル エンシノ⑬

(*hyalina* × *simulans*, Ascension)
× *chihuahuaensis*, Yecora
(ヒアリナ×シムランス アセンシオン)
×チワワエンシス イェコラ②

hyalina
× 'Vincent Catto'
ヒアリナ
×ビンセント カトー④

hyalina
× 'Vincent Catto'
ヒアリナ
×ビンセント カトー⑮

hyalina
× 'Vincent Catto'
ヒアリナ
×ビンセント カトー⑳

Echeveria hyalina hybrids（halbingeri sanchez-mejoradae）
ヒアリナ（ハルビンゲリ サンチェスメホラダエ）交配種

ハルビンゲリ サンチェスメホラダエ（*E. halbingeri sanchez-mejoradae*）と呼ばれていた種はヒアリナ（*E.hyalina*）に統一されましたが、公式の発表はまだありません。ここでは、( ) 内にシノニムを表記します。ヒアリナでまとめたい向きもあるようですが、交配者は自分の交配種に使ったのはヒアリナのどのタイプかわかるようにしたい考えもあり、区別することにしました。下記のように表記して掲載します。

hyalina（*halbingeri sanchez-mejoradae*）
hyalina（sp. Fo48, Samta Maria Mexicano）
hyalina, Ahualulco
hyalina, Gilo
hyalina, La Paz Guanajuato
hyalina, Pinal de Amoles

詳しくは 4~5 ページの表をご参照ください。
あいかわらずの人気のせいか、ここにあげた以外にも新しい産地のヒアリナが増えていることは、ヒアリナ好きにはうれしいかぎりである。

hyalina (*halbingeri sanchez-mejoradae*)
× *carnicolor*
ヒアリナ(ハルビンゲリ サンチェスメホラダエ)
×カルニカラー⑮

hyalina (*halbingeri sanchez-mejoradae*)
× *chihuahuaensis* Echeveria 'Momoka'
ヒアリナ (ハルビンゲリ サンチェスメホラダエ)
×チワワエンシス エケベリア 桃花 (ももか) ⑮

hyalina (*halbingeri sanchez-mejoradae*)
× *colorata* fa *colorata* Echeveria 'Senjyu'
ヒアリナ(ハルビンゲリ サンチェスメホラダエ)
×コロラータ エケベリア 千寿 (せんじゅ) ⑮

hyalina (*halbingeri sanchez-mejoradae*)
× *colorata* fa *colorata* ('Lindsayana')
ヒアリナ(ハルビンゲリ サンチェスメホラダエ)
×リンゼアナ⑨

hyalina (*halbingeri sanchez-mejoradae*)
× *diffractens*
ヒアリナ(ハルビンゲリ サンチェスメホラダエ)
×ディフラクテンス⑮

hyalina (*halbingeri sanchez-mejoradae*)
× *hyalina*
ヒアリナ(ハルビンゲリ サンチェスメホラダエ)
×ヒアリナ⑮

hyalina (*halbingeri sanchez-mejoradae*)
× 'Laulensis'
ヒアリナ(ハルビンゲリ サンチェスメホラダエ)
×ラウレンシス⑮

hyalina (*halbingeri sanchez-mejoradae*)
× *laui*
ヒアリナ(ハルビンゲリ サンチェスメホラダエ)
×ラウイ⑳

hyalina (*halbingeri sanchez-mejoradae*)
× 'Mexican hyalina'
ヒアリナ(ハルビンゲリ サンチェスメホラダエ)
×メキシコヒアリナ⑮

hyalina (*halbingeri sanchez-mejoradae*)
× *pulidonis*, Veracruz
ヒアリナ(ハルビンゲリ サンチェスメホラダエ)
×プリドニス ベラクルス⑮

hyalina (*halbingeri sanchez-mejoradae*)
× *shaviana*, Peregrina
ヒアリナ(ハルビンゲリ サンチェスメホラダエ)
×シャビアナ ペレグリナ⑫

hyalina (*halbingeri sanchez-mejoradae*)
× *subcorymbosa* Lau 026
ヒアリナ(ハルビンゲリ サンチェスメホラダエ)
×サブコリンボサ ラウ 026 ⑫

hyalina (*halbingeri sanchez-mejoradae*)
× *tolimanensis*
ヒアリナ(ハルビンゲリ サンチェスメホラダエ)
×トリマネンシス ⑰

Echeveria hyalina (Echeveria sp. Fo48, Samta Maria Mexicano) hybrids
ヒアリナ (sp. Fo48 サンタマリア メキシカーノ) 交配種

ヒアリナ(sp. Fo48, Samta Maria Mexicano)は、基本型より葉の色は白く、紅葉時は紫になる。花はヒアリナと同じ、濃いピンクで先が黄緑。

hyalina(sp. Fo48, Samta Maria Mexicano)
× *hyalina*, La Paz Guanajuato
ヒアリナ(sp. Fo48 サンタマリア メキシカーノ)
×ヒアリナ ラパス グアナファト②

hyalina (sp. Fo48, Samta Maria Mexicano)
× 'Novahineriana'
ヒアリナ(sp. Fo48 サンタマリア メキシカーノ)
×ノバヒネリアナ④

hyalina (sp. Fo48, Samta Maria Mexicano)
× 'Vincent Catto'
ヒアリナ(sp. Fo48 サンタマリア メキシカーノ)
×ビンセントカトー④

Echeveria
hyalina, Ahualulco hybrids
ヒアリナ アウアルルコ 交配種

数多い葉に陰影が出て、紫に紅葉する姿は
人気が高い。交配種もできやすい種。
種が発売された当時は、
ハルビンゲリ サンチェスメホラダエ アウ
アルルコ サン ルイス ポトシ
（*E.halbingeri* var. *sanchez-mejoradae*,
Ahualulco, San Luis Potosi）
と、長い産地名だったが、その後ヒアリナ
に統一された。

hyalina, Ahualulco
× *caamanoi*, Puebla
ヒアリナ アウアルルコ
×カマノイ プエブラ⑬

hyalina, Ahualulco
× 'Mexican Poldensis'
ヒアリナ アウアルルコ
×メキシコポルデンシス⑬

hyalina, Ahualulco
× *shaviana*, Peregrina
ヒアリナ アウアルルコ
×シャビアナ ペレグリナ④

hyalina, Ahualulco × *simulans*, Laguna Sanchez
Echeveria 'Apricot Bouquet'
ヒアリナ アウアルルコ×シムランス ラグナサンチェス
エケベリア アプリコットブーケ㉑

hyalina, Ahualulco
× 'Vincent Catto'
ヒアリナ アウアルルコ
×ビンセント カトー⑤

hyalina, Ahualulco
× *tolucensis*
ヒアリナ アウアルルコ
×トルセンシス エッジピンク⑤

hyalina, Ahualulco
× *tolucensis*
ヒアリナ アウアルルコ
×トルセンシス エッジピンク⑤

Echeveria hyalina, Gilo hybrids
ヒアリナ ヒロ交配種

hyalina, Gilo
× *cuspidata* var. *zaragozae*
ヒアリナ ヒロ×ザラゴーサ⑬

Echeveria hyalina, La Paz Guanajuato hybrids
ヒアリナ ラパス グアナファト交配種

1番最初に発売された、エレガンス ラパス（E.elegans La Paz）と、いわゆるハルビンゲリ ラパス（E.halbingeri var. sanchez-mejoradae.San luis de La Paz）は、ヒアリナ ラパス グアナファト（E.hyalina, La Paz Guanajuato）に統一される方向です。産地である La Paz, Guanajuato と San Luis de la Paz はほぼ同じ地域のためです。

hyalina, La Paz Guanajuato
× *agavoides* 'Romeo'
ヒアリナ ラパス グアナファト
×アガボイデス ロメオ⑪

hyalina, La Paz Guanajuato
× Catorce
ヒアリナ ラパス グアナファト
×カトルス⑨

hyalina, La Paz Guanajuato
× *chihuahuaensis*
ヒアリナ ラパス グアナファト
×チワワエンシス②

hyalina, La Paz Guanajuato
× *chihuahuaensis*
ヒアリナ ラパス グアナファト
×チワワエンシス⑪

hyalina, La Paz Guanajuato
× *halbingeri*
ヒアリナ ラパス グアナファト
×ハルビンゲリ（姫牡丹）⑧

hyalina, La Paz Guanajuato
× *chihuahuaensis*, Yecora Echeveria 'Qubeley'
ヒアリナ ラパス グアナファト
×チワワエンシス イェコラ エケベリア キュベレイ①

hyalina, La Paz Guanajuato
× *chihuahuaensis*, Yecora
ヒアリナ ラパス グアナファト
×チワワエンシス イェコラ⑧

hyalina, La Paz Guanajuato
× *laui*
ヒアリナ ラパス グアナファト
×ラウイ⑪

(*hyalina*, La Paz Guanajuato ×*laui*) ×
chihuahuaensis, Yecora Echeveria 'Ambasa'
（ヒアリナ ラパス グアナファト ×ラウイ）
×チワワエンシス イェコラ エケベリア
アンバサ（2019）① 清涼飲料水の名前

(*hyalina*, La Paz Guanajuato ×*laui*)
× *simulans*, Laguna Sanchez
（ヒアリナ ラパス グアナファト×ラウイ）
×シムランス ラグナサンチェス③

hyalina, La Paz Guanajuato
× *pulidonis*, Veracruz
ヒアリナ ラパス グアナファト
×プリドニス ベラクルス⑨

hyalina, La Paz Guanajuato
× *purpusorum*
ヒアリナ ラパス グアナファト
×プルプソルム（和名：大和錦）③

hyalina, La Paz Guanajuato
× *purpusorum*
ヒアリナ ラパス グアナファト
×プルプソルム（和名：大和錦）⑯

hyalina, La Paz Guanajuato
× *purpusorum*
ヒアリナ ラパス グアナファト
×プルプソルム（和名：大和錦）⑯

hyalina, La Paz Guanajuato
× 'Santa Lewis'
ヒアリナ ラパス グアナファト
×サンタルイス⑲

hyalina, La Paz Guanajuato
× 'Santa Lewis'
ヒアリナ ラパス グアナファト
×サンタルイス⑲

hyalina, La Paz Guanajuato
× (*secunda*, Puebla × *moranii*)
ヒアリナ ラパス グアナファト
×（セクンダ プエブラ ×モラニー）③

hyalina, La Paz Guanajuato
× *shaviana*, Peregrina
ヒアリナ ラパス グアナファト
×シャビアナ ペレグリナ⑨

hyalina, La Paz Guanajuato
× *shaviana*, Peregrina
ヒアリナ ラパス グアナファト
×シャビアナ ペレグリナ⑪

hyalina, La Paz Guanajuato
× *tolimanensis*
ヒアリナ ラパス グアナファト
×トリマネンシス（2018）①

hyalina, La Paz Guanajuato
× *simulans*, Laguna Sanchez
ヒアリナ ラパス グアナファト
×シムランス ラグナサンチェス⑮

hyalina, La Paz Guanajuato
× *simulans*, Laguna Sanchez
ヒアリナ ラパス グアナファト
×シムランス ラグナサンチェス⑮

Echeveria hyalina, Pinal de Amoles hybrids
ヒアリナ ピナルデアモレス交配種

hyalina, Pinal de Amoles × *shaviana*
ヒアリナ ピナルデアモレス×シャビアナ③

hyalina, La Paz Guanajuato
× 'Vincent Catto'
ヒアリナ ラパス グアナファト
×ビンセント カトー⑩

hyalina, La Paz Guanajuato
× 'Vincent Catto'
ヒアリナ ラパス グアナファト
×ビンセント カトー⑮

hyalina, Pinal de Amoles
× *simulans*, Pajonal
ヒアリナ ピナルデアモレス
×シムランス パホナル①

Echeveria 'Ileen' hybrids
アイリーン交配種

Echeveria juliana, Rio Piaxla hybrids
ユリアナ リオ ピアストラ交配種

juliana, Rio Piaxla
生息地はトバレンシスと近いメキシコのSinaloa（シナロア）州と、Durango（ドゥランゴ）州の境界付近、標高360mの熱帯落葉樹林内。結実しやすい種。

'Ileen' × *colorata* Tapalpa
アイリーン
×コロラータ タパルパ⑤

juliana, Rio Piaxla × 'Albabini'
ユリアナ リオ ピアストラ
×アルバ美尼⑮

juliana, Rio Piaxla × *colorata* fa *colorata* ('Lindsayana')
ユリアナ リオ ピアストラ×リンゼアナ⑮

juliana, Rio Piaxla
× *laui*
ユリアナ
×ラウイ⑮

juliana, Rio Piaxla × 'Vincent Catto'
Echeveria 'Linacent'
ユリアナ×ビンセント カトー
エケベリア リナセント⑤

juliana, Rio Piaxla × 'Vincent Catto'
Echeveria 'Linacent'
ユリアナ×ビンセント カトー
エケベリア リナセント⑤

Echeveria 'Jade Star' hybrids ジェイド スター交配種

'Jade Star' × *hyalina* (*halbingeri sanchez-mejoradae*)
ジェイド スター
×ヒアリナ（ハルビンゲリ サンチェスメホラダエ）⑳

'Jade Star' × *hyalina* (*halbingeri sanchez-mejoradae*)
ジェイド スター
×ヒアリナ（ハルビンゲリ サンチェスメホラダエ）⑳

'Jade Star'
× 'Sarahimebotan'
ジェイド スター
×沙羅姫牡丹⑳

Echeveria 'La-Colo' hybrids
ラ・コロ交配種

ラ・コロ（E.'La-Colo'）は野本氏の交配種。
交配式は、ラウイ（*E.laui*）×コロラータ（*E.colorata*）
見た目はラウリンゼと変わらない。主観かもしれないが、ラ・コロのほうが、交配に使った場合の成功率が高いように思われるし、開花ステージも早いように感じる。

'La-Colo' × 'Blue minima'
ラ・コロ ×ブルーミニマ⑮

'La-Colo' × *elegans*
ラ・コロ×エレガンス（月影）⑮

'La-Colo' × *hyalina*
ラ・コロ×ヒアリナ⑫

'La-Colo' × 'Laulensis'
Echeveria 'Ohka'
ラ・コロ × ラウレンシス
エケベリア 桜花（おうか）⑮

'La-Colo'
× 'Pink zaragozae'
ラ・コロ
×ピンクザラゴーサ⑫

'La-Colo'
× 'Pinwheel'
ラ・コロ
×ピンウィール⑮

'La-Colo'
× *shaviana*, Peregrina
ラ・コロ×シャビアナ ペレグリナ⑪

'La-Colo'
× *subalpina* Perote var. Meyraniana
ラ・コロ×スバルピナ ペロテ メイラニアナ⑫

'La-Colo'
× *tolimanensis*
ラ・コロ×トリマネンシス⑮

Echeveria laui hybrids
ラウイ交配種

ある程度のサイズにならないと花が咲かないが、ぷっくりした葉姿は、交配してできる苗の姿も想像しやすく、交配親として人気がある。
葉は粉（ブルーム）で厚く覆われている。
最近は花芽付きでの販売も見かけるので、交配に使いたい場合は、確実になる。

laui × 'Blue minima'
ラウイ
×ブルーミニマ⑮

laui
× *colorata* fa *colorata* ('Lindsayana')
ラウイ×リンゼアナ⑮

laui × 'Laulensis'
ラウイ
×ラウレンシス⑮

laui × *elegans* var. *kesselringiana*
ラウイ
×エレガンス ケッセルリンギアナ⑨

laui × *elegans* var. *kesselringiana*
ラウイ
×エレガンス ケッセルリンギアナ⑮

laui × *moranii*
ラウイ
×モラニー⑲

laui × *pulidonis*, Veracruz
ラウイ
×プリドニス ベラクルス⑮

laui × *secunda* 'Reglensis'
ラウイ
×セクンダ レグレンシス③

laui × *shaviana*
ラウイ
×シャビアナ③

laui × *simulans,* Laguna Sanchez
ラウイ×シムランス ラグナサンチェス③

laui × *strictiflora,* Nova
ラウイ×ストリクチフローラ ノバ⑪

laui × *tolimanensis*
ラウイ×トリマネンシス⑮

Echeveria 'Laulensis' hybrids ラウレンシス交配種

ラウレンシス（E.'Laulensis'）は、花を見て、セクンダの一種かと思われていたが、交配種らしい。正しい情報はない。
セクンダプエブラよりも夏の暑さに強いし、交配に使うとかわいい種ができるが、花期が遅いので、花粉を保存しておくとよい。

'Laulensis' × 'Blue minima'
ラウレンシス×ブルーミニマ⑮

'Laulensis' × *laui*
ラウレンシス×ラウイ⑮

'Laulensis' × *simulans,* Laguna Sanchez
ラウレンシス×シムランス ラグナサンチェス ⑯

Echeveria 'Laulinze' hybrids ラウリンゼ交配種

ラウリンゼ（E.'Laulinze'）の交配式は、ラウイ（*E.laui*）×リンゼアナ（*E.colorata* fa *colorata*（'Lindsayana'））
ある程度のサイズにならないと花が咲かない。しかも、株の小さいうちは交配の成功率が低い。ラ・コロを使っても見た目が同じなのだから、できそうなほうを使うのをお勧めする。

'Laulinze' × *chihuahuaensis*
ラウリンゼ×チワワエンシス⑬

'Laulinze' × *chihuahuaensis*
ラウリンゼ×チワワエンシス⑮

'Laulinze' × *colorata* fa *colorata*
ラウリンゼ×コロラータ⑬

'Laulinze'
× *colorata* 'Mexican Giant'
ラウリンゼ
×コロラータ メキシカン ジャイアント⑬

'Laulinze'
× *elegans* var. *kesselringiana*
ラウリンゼ
×エレガンス ケッセルリンギアナ⑬

'Laulinze'
× 'Hanazukiyo'
ラウリンゼ
×花月夜⑦

'Laulinze'
× *minima*
ラウリンゼ
×ミニマ⑬

'Laulinze'
× 'Novahineriana'
ラウリンゼ
×ノバヒネリアナ⑬

'Laulinze' × 'Ruby Blush'
Echeveria 'Ruby Blanc'
ラウリンゼ×ルビーブラッシュ
エケベリア ルビー ブラン⑨

'Laulinze'
× 'Sarahimebotan'
ラウリンゼ
×沙羅姫牡丹⑬

'Laulinze'
× *secunda*, El Chico
ラウリンゼ
×セクンダ エルチコ⑭

'Laulinze'
× *secunda*, El Chico
ラウリンゼ
×セクンダ エルチコ⑭

'Laulinze'
× *simulans,* Laguna Sanchez
ラウリンゼ
×シムランス アセンシオン⑳

'Laulinze' × 'Yamatobini' (*purpusorum* × *minima*)
ラウリンゼ
×大和美尼（大和錦×ミニマ）⑬

'Laulinze' × 'Vincent Catto'
Echeveria 'Lanceut'
ラウリンゼ×ビンセント カトー
エケベリア ランセント⑤

Echeveria lilacina hybrids
リラシナ交配種

リラシナもその交配種の一部も、一般的な紅葉期の冬ではなく、気温が上がると色良くなる。夏、みどりのエケベリアのなかで、色良いものがみられるので、おすすめです。

lilacina
× 'Laulensis'
リラシナ×ラウレンシス⑮

lilacina × ('Laulinze'
× *colorata* 'Mexican Giant')
リラシナ×（ラウリンゼ×メキシカンジャイアント）⑮

lilacina
× 'Pinwheel'
リラシナ×ピンウィール⑮

lilacina
× *pulidonis*
リラシナ×プリドニス（和名：花うらら）⑨

lilacina
× 'Sarahimebotan'
リラシナ×沙羅姫牡丹⑬

lilacina × (*shaviana*
× *nodulosa* 'Painted Beauty')
リラシナ×（シャビアナ×紅司）③

Echeveria 'Lola' hybrids
ローラ交配種

ローラの作出者の Dick Wright（ディック・ライト）氏は交配式を公開していない。ローラの交配式は、リラシナ（*E.lilacina*）×デレンベルギー（*E.derenbergii*）だと推察され、よく似たデレッセーナは、ローラの雌雄逆交配だとされている。

'Lola' × *agavoides* 'Romeo'
ローラ
×アガボイデス ロメオ⑰

'Lola' × *chihuahuaensis*
ローラ
×チワワエンシス②

'Lola'
× 'Christmas' (*agavoides* hybrid)
ローラ×クリスマス⑮

'Lola' × (*cuspidata* var. *zaragozae* × *pulidonis*)
ローラ×（ザラゴーサ×プリドニス）⑮

'Lola'
× *elegans*
ローラ×エレガンス②

'Lola'
× *hyalina*
ローラ×ヒアリナ②

'Lola'
× *hyalina*, La Paz Guanajuato
ローラ×ヒアリナ ラパス グアナファト②

'Lola'
× *laui*
ローラ×ラウイ⑮

'Lola'
× *setosa* var. *deminuta*
ローラ×セトーサ デミヌタ⑮

Echeveria longissima hybrids
ロンギシマ交配種

ロンギシマ（E. longissima var. longissima）は、野生の起源は不明。花が非常に長いところから名前がついた。こんなに長い花はほかにない。

国内では、ベルバラと呼ばれている。

ロンギシマ ブラキアンサ（E. longissima var. brachyantha）の生息地は、Oaxaca（オアハカ州）とはっきりしている。

このふたつは、花冠の大きさに違いがあるため、品種（var.）としての位置づけの方が適切と判断された。どちらも葉に光沢があり、粉（ブルーム）がないため、夏の暑さに非常に弱いし、やっと回復したころにまた夏が来るので開花ステージまで至らない。

longissima var. *longissima* × *laui*
Echeveria 'Rond Mure'
ベルバラ（ロンギシマ）×ラウイ
エケベリア ロン・ミュール ⑰
意味は丸いどどめ色（桑の実の群馬での呼び名）

longissima var. *brachyantha*
× 'Vincent Catto'
ロンギシマ ブラキアンサ
×ビンセント カトー ⑤

Echeveria lutea hybrids
ルテア交配種

Echeveria lyonsii hybrids
リーオンシー交配種

lutea
× Catorce
ルテア×カトルス ③

lutea
× *minima*
ルテア×ミニマ ③

lyonsii × *strictiflora*, Sierra Delicias
リーオンシー
×ストリクチフローラ シエラデリシャス ③

Echeveria megacalyx hybrids　メガカリックス交配種

megacaly × 'Pinwheel'
メガカリックス ×ピンウィール ③

megacaly × *racemosa*, Bruce
メガカリックス×ラセモサ ブルース ③

megacaly × *secunda*, Puebla
メガカリックス ×セクンダ プエブラ ③

Echeveria 'Mexican hyalina' hybrids
メキシコ ヒアリナ交配種

メキシコ ヒアリナ（E.'Mexican hyalina'）は、おもに韓国からやってきている。
韓国の生産者の交配種らしい。
エケベリアの原産地がほぼメキシコなので、Mexican と名付けられることが多い。

'Mexican hyalina'
× *agavoides* 'Romeo'
メキシコ ヒアリナ
×アガボイデス ロメオ⑮

'Mexican hyalina'
× *secunda,* Puebla
メキシコ ヒアリナ
×セクンダ プエブラ⑬

'Mexican hyalina'
× 'Vincent Catto'
メキシコ ヒアリナ
×ビンセント カトー⑤

Echeveria 'Mexican Poldensis'
'Mexican pulidonis' hybrids
メキシコポルデンシス
メキシコプリドニス交配種

メキシコポルデンシス（E.'Mexican Poldensis'）とか、メキシコプリドニス（E.'Mexican pulidonis'）の名前で日本にやってきたエケベリアは同じものに見える。
ポルデンシスとプリドニスはスペルが似ているので、書き間違いを読み間違えたのでないだろうか。

'Mexican Poldensis'
× *chihuahuaensis,* Yecora
メキシコポルデンシス
×チワワエンシス イェコラ⑲

'Mexican Poldensis' × *elegans* var. *kesselringiana*
Echeveria 'Ichika'
メキシコポルデンシス×ケッセルリンギアナ
エケベリア 苺花（いちか）⑪

'Mexican Poldensis'
× spec. nov. Zaragoza
メキシコポルデンシス
×ザラゴーサ sp. ノバ⑰

'Mexican pulidonis'
× *simulans*
メキシコプリドニス
×シムランス⑤

'Mexican pulidonis'
× *agavoides* 'Ebony' Superclone
メキシコプリドニス
×アガボイデス エボニー スーパークローン⑳

Echeveria 'Mexican Rose' hybrids
メキシコローズ交配種

エレガンス系のハイブリッドに見えるが、黄花で、花先がカールしているのはプリドニス系の花の証し。
花数は多くないが、交配はできる。しかし親の型を崩せない。
韓国産で、両親は不明。
足許に子を吹いて成長も早い。
葉先がうっすらとピンクになるくらいしか紅葉はしない。

'Mexican Rose'
× *hyalina,* La Paz Guanajuato
メキシコローズ
×ヒアリナ ラパス グアナファト⑮

'Mexican Rose'
× *pulidonis,* Veracruz
メキシコローズ
×プリドニス ベラクルス⑮

Echeveria minima hybrids
ミニマ交配種

ミニマの開花はほかのエケベリアより遅いので、交配に使うには花粉を保存しておくとよい。ミニマが咲いた頃には、花粉をつける花がないことが多い。
ミニマ プエンテ タスキーラ（*minima,* Puente Tasquila）は、最近発売されたミニマの地方種。ミニマに似たタイプとピンウィールに似たタイプがある。

minima × *lilacina*
Echeveria 'Hana ＊ Hana'
ミニマ×リラシナ
エケベリア はな＊はな ⑮

minima
× *lutea*
ミニマ
×ルテア③

minima
× *moranii*
ミニマレッドエッジ
×モラニー⑮

minima, Puente Tasquila
× *purpusorum*
ミニマ プエンテ タスキーラ
×プルプソルム（和名：大和錦）⑬

minima, Puente Tasquila
× *purpusorum*
ミニマ プエンテ タスキーラ
×プルプソルム（和名：大和錦）⑬

Echeveria 'Miwakunotsuki' hybrids
魅惑の月交配種

魅惑の宵（E. agavoides 'Lipstick'）と月影（E. elegans）の交配種という説や、韓国苗の織姫、エスター、ムーンガドニス、ムーンガッデスと同種という説もあるが詳細は不明。どれも赤いエッジに白いボディ。

'Miwakunotsuki'
× *cuspidata* var. *zaragozae*
魅惑の月×ザラゴーサ⑬

'Miwakunotsuki'
× 'Laulensis'
魅惑の月×ラウレンシス⑤

'Miwakunotsuki'
× 'Novahineriana'
魅惑の月×ノバヒネリアナ⑬

Echeveria 'Momotaro' hybrids
桃太郎交配種

株によっては、不捻のものもある気がする。
爪好きには不動の人気を持つ桃太郎を、交配に使ってみたいと思う人は多い。
爪は、生物学上では、ムクロ「mucro」というそうです。

'Momotaro'
× *cuspidata*, San Roberto
桃太郎×クスピダータ サンロベルト㉑

'Momotaro'
× 'Louise'
桃太郎×ルイーズ⑧

'Momotaro'
× 'Sarahimebotan'
桃太郎×沙羅姫牡丹⑬

Echeveria 'Monroe' hybrids
モンロー交配種

ラウリンゼ（E.'Laulinze'）に、矮化（わいか）剤をかけて、人工的に大型にならないようにしたといわれる品種がモンロー。しかし、その効果も数年だそうで、やがてはラウリンゼのように大型化する。

'Monroe' × *cante*
Echeveria 'Sourire'
モンロー×カンテ エケベリア
エケベリア　スリール⑬

Echeveria moranii hybrids
モラニー交配種

モラニー（*E.moranii*）は、葉に独特の模様があり、好き嫌いがはっきりわかれる品種。
好きな人は、その模様を受け継がせたいと思うのだろう。スズランに似た花序に赤い花が咲く姿はかわいらしい。

moranii
× *agavoides* 'Romeo'
モラニー
×アガボイデス ロメオ⑮

moranii
× *hyalina*
モラニー
×ヒアリナ⑮

moranii × *hyalina* (*halbingeri sanchez-mejoradae*)
Echeveria 'Marasai'
モラニー×ヒアリナ（ハルビンゲリ サンチェスメホラダエ）
エケベリア マラサイ（2018）①

morani
× *peacockii*
モラニー
×ピーコッキー③

moranii
× 'Pinwheel'
モラニー
×ピンウィール ③

moranii
× *secunda,* El Chico
モラニー
×セクンダ エル エンシノ⑮

moranii
× spec. Bustamante
モラニー
×ブスタマンテ ③

Echeveria 'Novajin' hybrids
ノバジン交配種

'Novajin' × 'Sarahimebotan'
ノバジン（花和神×ノババヒネリアナ）
×沙羅姫牡丹⑬

Echeveria 'Novahineriana' hybrids　ノバヒネリアナ交配種

'Novahineriana' × *chihuahuaensis*
ノバヒネリアナ（ザラゴーサノバ
×キルヒネリアナ）×チワワエンシス⑬

'Novahineriana' × *laui*
ノバヒネリアナ×ラウイ⑬

'Novahineriana' × *tolimanensis*
ノバヒネリアナ×トリマネンシス⑨

Echeveria pinetorum（sessiliflora）hybrids　ピネトルム（セシリフローラ）交配種

pinetorum × *laui*
ピネトルム×ラウイ③

pinetorum × 'Pinwheel'
ピネトルム×ピンウィール③

pinetorum × *shaviana*, Peregrina
ピネトルム×シャビアナ ペレグリナ③

Echeveria 'Pink Zaragozae' hybrids　ピンクザラゴーサ交配種

'Pink zaragozae'
× *agavoides* 'Romeo'
ピンクザラゴーサ
×アガボイデス ロメオ⑬

'Pink zaragozae'
× *elegans* var. *kesselringiana*
ピンクザラゴーサ
×エレガンス ケッセルリンギアナ⑳

'Pink zaragozae'
× *hyalina* (*halbingeri sanchez-mejoradae*)
ピンクザラゴーサ
×ヒアリナ（ハルビンゲリ サンチェスメホラダエ）⑫

1972年8月にミチョアカン州トゥクスパン（Tuxpan, Michoacán）近郊の岩場や高い崖でフェリペ・オテロ（Felipe Otero）氏が採取したものがピンウィール（E.'Pinwheel'）なのですが、いまだ種として正式に発表されたことがない。

交配親としては、興味深い。花が咲く時期がミニマと同時期のため、交配に使う場合は花粉を保存するとよい。

'Pinwheel'
× *affinis*
ピンウィール
×アフィニス③

'Pinwheel'
× *chazaroi*
ピンウィール
×チャザロイ③

'Pinwheel'
× *longissima* var. *brachyantha*
ピンウィール
×ロンギシマ ブラキアンサ③

'Pinwheel'
× *nodulosa* 'Painted Beauty'
ピンウィール
×紅司③

'Pinwheel'
× *peacockii*
ピンウィール
×ピーコッキー ③

'Pinwheel'
× *shaviana*
ピンウィール
×シャビアナ③

'Pinwheel'
× *strictiflora*, Sierra Delicias
ピンウィール
×ストリクチフローラ③

'Pinwheel'
× 'Vincent Catto'
ピンウィール
×ビンセント カトー⑪

'Pinwheel'
× *walpoleana*
ピンウィール
×ワルポレアナ（タマウリパナ）③

Echeveria 'Pinky' hybrids
ピンキー交配種

ピンキー（E. 'Pinky'）交配式は、カンテ（*E. cante*）×シャビアナ（*E. shaviana*）大型になる品種。
ハイブリッドも大型になりやすい。

'Pinky' × *laui*
ピンキー×ラウイ⑮

'Pinky' × *lilacina*
ピンキー×リラシナ⑮

Echeveria 'Polylinze' hybrids　ポリリンゼ交配種

'Polylinze'
× *chihuahuaensis*
ポリリンゼ×チワワエンシス⑩

'Polylinze'
× 'Laulensis'
ポリリンゼ×ラウレンシス⑩

'Polylinze'
× 'Laulensis'
ポリリンゼ×ラウレンシス⑩

Echeveria prolifica hybrids
プロリフィカ交配種

prolifica × *hyalina*, La Paz Guanajuato
プロリフィカ
×ヒアリナ ラパス グアナファト⑱

prolifica × *tolimanensis*
プロリフィカ
×トリマネンシス⑱

Echeveria purhepecha hybrids
プレペチャ交配種

purhepecha × *laui*
プレペチャ
×ラウイ ③

和名：花うらら
プリドニス系のエケベリアは、ほぼ黄色い
花が咲く。その花びらの先はくるんと外向
きにカールする。
ハイブリッドはできやすいほうで、花はや
はりプリドニスの黄色い花が咲くものがで
きることが多い。

pulidonis
× 'Albabini'
プリドニス
×アルバ美尼④

（*pulidonis* × A）× *chihuahuaensis*, Yecora
Echeveria 'Nekokonekorogaru'
（プリドニス×エース）
×チワワエンシス イェコラ
エケベリア ネコロネコロガール(2019)①

（*pulidonis* × *derenbergii*）
× *chihuahuaensis*, Yecora
（プリドニス×デレンベルギー）
×チワワエンシス イェコラ③

（*pulidonis* × *derenbergii*）
× *laui*
（プリドニス×デレンベルギー）
×ラウイ③

pulidonis
× *hyalina*
プリドニス
×ヒアリナ⑮

pulidonis
× *hyalina*, Pinal de Amoles
プリドニス
×ヒアリナ ピナルデアモレス③

pulidonis
× *lilacina*
プリドニス
×リラシナ③

pulidonis
× *simulans*, Ascension
ダルマ プリドニス
×シムランス アセンシオン⑤

Echeveria pulidonis, Veracruz hybrids
プリドニス ベラクルス交配種

台湾でアプス（E.'Apus'）と呼ばれていたものは、最近になって、*pulidonis,* Veracruz だとわかった。同じベラクルス産でも、葉の色が白っぽいものや緑のものがある。
輸入された国で独自の名前をつけられて、それぞれの名前で日本にやってくることが多いので、同じ種だろうと思っても集めてしまったりする。

pulidonis, Veracruz
× *chihuahuaensis,* Yecora
プリドニス ベラクルス
×チワワエンシス イェコラ⑮

pulidonis, Veracruz
× *hyalina*
プリドニス ベラクルス
×ヒアリナ⑩

pulidonis, Veracruz
× *hyalina,* La Paz Guanajuato
プリドニス ベラクルス
×ヒアリナ ラパス グアナファト⑩

pulidonis, Veracruz
× 'Laulensis'
プリドニス ベラクルス
×ラウレンシス⑩

pulidonis, Veracruz
× *lilacina*
プリドニス ベラクルス
×リラシナ⑨

pulidonis, Veracruz
× 'Shirayukihime'
プリドニス ベラクルス
×白雪姫⑨

pulidonis, Veracruz
× *simulans,* Laguna Sanchez
プリドニス ベラクルス
×シムランス ラグナサンチェス ⑨

pulidonis, Veracruz
× spec. nov. Zaragoza
プリドニス ベラクルス
×ザラゴーサ sp. ノバ⑨

pulidonis, Veracruz
× spec. nov. Zaragoza
プリドニス ベラクルス
×ザラゴーサ sp. ノバ⑩

Echeveria pulidonis Green Form hybrids
プリドニス グリーンフォーム 交配種

プリドニス グリーンフォームは、花はプリドニスの黄色。葉にはゆるやかなフリルがあるところが人気。粉がなく光沢がある葉を持つため、日本の蒸し暑い夏にとても弱い、いまは入手困難種。おそらくプリドニスの一型だろう。

交配する人は、この葉の特徴を交配種に受け継がせたいと思う。

pulidonis Green Form
× *hyalina*, La Paz Guanajuato
プリドニス グリーンフォーム
×ヒアリナ ラパス グアナファト⑨

pulidonis Green Form
× *simulans*, Ascension
プリドニス グリーンフォーム
×シムランス アセンシオン⑨

pulidonis Green Form
× *simulans*, Laguna Sanchez
プリドニス グリーンフォーム
×シムランス ラグナサンチェス⑦

pulidonis Green Form
× *simulans*, Laguna Sanchez
プリドニス グリーンフォーム
×シムランス ラグナサンチェス ⑨

pulidonis Green Form
× *simulans*, Laguna Sanchez
プリドニス グリーンフォーム
×シムランス ラグナサンチェス⑱

pulidonis Green Form
× *shaviana*, Peregrina
プリドニス グリーンフォーム
×シャビアナ ペレグリナ⑪

pulidonis Green Form
× *shaviana*, Peregrina
プリドニス グリーンフォーム
×シャビアナ ペレグリナ⑫

pulidonis Green Form
× 'Vincent Catto'
プリドニス グリーンフォーム
×ビンセントカトー⑪

Echeveria purpusorum hybrids
プルプソルム交配種

和名：大和錦
葉にある独特な模様は、好き嫌いが分かれ
る。交配に使うと模様が強く出たり、あま
り出なかったりするところはおもしろい。
個性的な交配種が作れる。

purpusorum
× *caamanoi*, Puebla
プルプソルム
×カマノイ プエブラ⑬

purpusorum
× *secunda*, El Encino
プルプソルム
×セクンダ エル エンシノ⑬

purpusorum
× *hyalina*, La Paz Guanajuato
プルプソルム ホワイトフォーム
×ヒアリナ ラパス グアナファト ⑤

purpusorum
× *hyalina*, La Paz Guanajuato
プルプソルム ホワイトフォーム
×ヒアリナ ラパス グアナファト⑤

purpusorum
× *shaviana*, Peregrina
プルプソルム
×シャビアナ ペレグリナ⑬

Echeveria racemosa hybrids
ラセモサ交配種

Echeveria 'Red Scorpion' hybrids
レッド スコーピオン交配種

Echeveria runyonii hybrids
ルンヨニー交配種

racemosa
× 'Pinwheel'
ラセモサ
×ピンウィール⑪

'Red Scorpion'
× *setosa* var. *deminuta*
レッド スコーピオン
×ルンデリー⑳

runyonii, San Carlos × *hyalina* (*halbingeri
sanchez-mejoradae*) Echeveria 'Wind Valley'
ルンヨニー サンカルロス
×ヒアリナ（ハルビンゲリ サンチェスメホラダエ）
エケベリア ウインドバレー（2018）①

| Echeveria 'Sakurannbo' hybrids
さくらんぼ交配種 | Echeveria 'Santa Lewis' hybrids
サンタルイス交配種 | サンタルイスは、韓国産ハイブリッドで、交配式などは不明。幅広の濃い葉色にツメからキールにかけて赤い線が入る。紅葉期、全体的に染まる姿にはファンが多い。近年交配に使う人も多くなった。 |

'Sakurannbo'
× 'Laulensis'
さくらんぼ×ラウレンシス⑤

'Santa Lewis'
× 'Blue Bird'
サンタルイス×ブルーバード⑳

'Santa Lewis'
× colorata fa colorata
サンタルイス×コロラータ ⑳

'Santa Lewis'
× hyalina
サンタルイス×ヒアリナ⑯

'Santa Lewis'
× hyalina, La Paz Guanajuato
サンタルイス×ヒアリナ ラパス グアナファト⑳

'Santa Lewis'
× hyalina, La Paz Guanajuato
サンタルイス×ヒアリナ ラパス グアナファト⑳

'Santa Lewis'
× secunda fa secunda
サンタルイス×セクンダ⑳

'Santa Lewis'
× tolimanensis
サンタルイス×トリマネンシス⑳

'Santa Lewis'
× tolimanensis
サンタルイス×トリマネンシス⑳

Echeveria 'Sarahimebotan' hybrids
沙羅姫牡丹交配種

沙羅姫牡丹（E.'Sarahimebotan'）は、根岸氏の有名交配種。
サラゴーサノバ（E.spec. nov. Zaragoza）×姫牡丹（ハルビンケリー（E. halbingeri））
とされている。
交配に使うと、不規則に現れる染まり方は人々を魅了してやまない。沙羅姫牡丹
自体ハイブリッドのため、染まり方にはバラつきがある。

'Sarahimebotan' × *agavoides*, 'Multifida'
Echeveria 'Syunkou'
沙羅姫牡丹×アガボイデス ムルティフィダ
エケベリア 春光（しゅんこう）（2018）①
春の季語から命名、春陰の顔違い。

'Sarahimebotan' × *agavoides* 'Multifida'
Echeveria 'Syunin'
沙羅姫牡丹 ×アガボイデス ムルティフィダ
エケベリア 春陰（しゅんいん）（2018）①
春の季語から命名、春光の顔違い。

'Sarahimebotan' × *caamanoi*, Puebla
Echeveria 'Overcome'
沙羅姫牡丹×カマノイ プエブラ
エケベリア オーバーカム（2019）①
意味は克服すること。COVID-19の克服を
願って命名された。

'Sarahimebotan' × *chihuahuaensis*
沙羅姫牡丹×チワワエンシス⑬

'Sarahimebotan' × *chihuahuaensis*
沙羅姫牡丹×チワワエンシス⑰

'Sarahimebotan' × *colorata* fa *colorata* ('Lindsayana')
沙羅姫牡丹×リンゼアナ⑬

'*SaraHimebotan*'
× *elegans* var. *kesselringiana*
沙羅姫牡丹
×エレガンス ケッセルリンギアナ⑦

'Sarahimebotan'
× *elegans* var. *kesselringiana*
沙羅姫牡丹
×エレガンス ケッセルリンギアナ⑬

'Sarahimebotan'
× 'Vincent Catto'
沙羅姫牡丹
×ビンセント カトー④

Echeveria secunda fa secunda（from El Encino）hybrids　セクンダ エル エンシノ交配種

secunda, El Encino
× *cuspidata* var. *zaragozae*
セクンダ エル エンシノ
×ザラゴーサ⑬

secunda, El Encino
× *elegans*（*albicans*）
セクンダ エル エンシノ
×エレガンス（アルビカンス）⑧

secunda, El Encino
× *laui*
セクンダ エル エンシノ
×ラウイ③

secunda, El Encino
× 'Shirorenge'
セクンダ エル エンシノ
×白蓮華⑲

secunda, El Encino
× 'Vincent Catto'
セクンダ エル エンシノ
×ビンセント カトー⑪

secunda, El Encino
× 'Yamatohime'
セクンダ エル エンシノ
×大和姫⑳

Echeveria secunda fa secunda（'Reglensis'）hybrids　セクンダ レグレンシス交配種

＊以前の名前は、*E.reglensis*　特別な形に注目してもらいたいがために旧種名を引用した場合、名前は栽培名として扱われ、交配種の名前のように「○○」となります（国際栽培植物命名規約）。

secunda 'Reglensis'
× *cante*, Fresnillo
セクンダ レグレンシス
×カンテ フレスニヨ ③

secunda 'Reglensis'
× *laui*
セクンダ レグレンシス
×ラウイ③

（*secunda* 'Reglensis' × spec. Bustamante）×
hyalina, La Paz Guanajuato Echeveria 'Aki Yuyake'
（セクンダ レグレンシス×ブスタマンテ）
×ヒアリナ ラパス グアナファト
エケベリア 秋夕焼（あきゆやけ 2018）①

Echeveria secunda fa secunda （from Puebla）hybrids
セクンダ プエブラ交配種

セクンダ プエブラ（*E.secunda*, Puebla）は
日本の暑さが苦手なようで、夏には葉が伸
びてだらしない姿になるが、紅葉期には可
愛らしい姿になるので、ファンは多い。
セクンダも「fa」を使うエケベリアで、
secunda fa *secunda* が正しい表記。
secunda 'Reglensis'
secunda, Puebla
secunda, Xichu
secunda, El Chico
'Reglensis' は地方名ではなく、以前呼ばれ
ていた種名。セクンダには産地が多くあり、
これ以外にも産地名付きで種子が発売され
ている。

secunda, Puebla
× *longissima* var. *brachyantha*
セクンダ プエブラ
×ロンギシマ ブラキアンサ ③

secunda, Puebla
× *lutea*
セクンダ プエブラ
×ルテア③

secunda, Puebla
× *minima*
セクンダ プエブラ
×ミニマ③

secunda, Puebla
× *moranii*
セクンダ プエブラ
×モラニー③

secunda, Puebla
× *pinetorum*
セクンダ プエブラ
×ピネトルム（セシリフローラ）③

secunda, Puebla
× 'Pinwheel'
セクンダ プエブラ
×ピンウィール③

secunda, Puebla
× *strictiflora*, Sierra Delicias
セクンダ プエブラ
×ストリクチフローラ シエラデリシャス③

secunda, Puebla
× *xichuensis*
セクンダ プエブラ
×クシクエンシス③

Echeveria secunda fa secunda (from Xichu) hybrids
セクンダ シチュ交配種

ツンとした細い葉先が魅力的なエケベリア。小型で足許には子を多数吹く。セクンダの種類のいくつかは、葉が薄いものが多く、水が好きなのだと思うが、日本の夏に弱い。花芽を何本もあげるので、花数は多く、交配には使いやすい。

secunda, Xichu
× *derenbergii*
セクンダ シチュ
×デレンベルギー(和名:静夜) ③

secunda, Xichu
× *lutea*
セクンダ シチュ
×ルテア③

secunda, Xichu
× 'Pinwheel'
セクンダ シチュ
×ピンウィール③

secunda, Xichu
× *shaviana*
セクンダ シチュ
×シャビアナ ③

secunda, Xichu
× *shaviana*
セクンダ シチュ
×シャビアナ③

Echeveria 'Schichi-Kuksi' hybrids
シェーシークッシー交配種

'Schichi-Kuksi' × 'Vincent Catto'
シェーシークッシー×ビンセント カトー⑤

Echeveria 'Seigetsu' hybrids
静月交配種

静月(せいげつ E.Seigetsu)と月静(げつせい E.Gesei・つきしず E.Tsukishizu)は、いずれも根岸氏の交配。
静月の交配式は、
デレンベルギー(E. derenbergii 和名:静夜)
×エレガンス(E. elegans 和名:月影)
月静は静月の雌雄逆交配種。
ファラックス(E.'Fallax')は Pierre Gossot(ピエール・ゴッソー)氏のハイブリッドで、静月と交配式が同じで、ファラックスはデレンベルギーのような丸葉を持つ。
交配式は同じでも、姿が同じになるとは限らないという例。名前は交配者がそれぞれ命名できる。

('Seigetsu' × 'Gesei')
× *shaviana*, Peregrina
(静月×月静)
×シャビアナ ペレグリナ⑫

Echeveria setosa var. ciliata hybrids
セトーサ シリアータ交配種

setosa var. *ciliata*
× *colorata* fa *colorata* ('Lindsayana')
セトーサ シリアータ（和名：王妃錦司晃）
×リンゼアナ ⑳

Echeveria setosa var. deminuta hybrids
セトーサ デミヌタ交配種

setosa var. *deminuta*
× *hyalina*, La Paz Guanajuato
セトーサ デミヌタ
×ヒアリナ ラパス グアナファト③

setosa var. *deminuta*
× *tolimanensis*
セトーサ デミヌタ
×トリマネンシス⑮

Echeveria setosa var. minor hybrids
セトーサ ミノール（和名：青い渚）交配種

setosa var. *minor* × *colorata* fa *colorata*
セトーサ ミノール×コロラータ⑬

setosa var. *minor* × 'Pink Pretty'
セトーサ ミノール×ピンクプリティ⑳

Echeveria setosa var. oteroi hybrids
セトーサ オテロイ交配種

setosa var. *oteroi* × *laui*
セトーサ オテロイ×ラウイ ③

Echeveria shaviana, peregrina hybrids
シャビアナ ペレグリナ 交配種

以前はシャビアナといえば「ピンクフリル」が主流でした。薄葉のせいか強い日差しにとても弱かった。その後、コーレスから種子が発売されたペレグリナ地方のシャビアナは、クリーム色からピンクまで濃淡の葉色に富んだものが発芽し、日本の気候にも馴染んで交配者に愛されている。

shaviana, Peregrina × *cante*
シャビアナ ペレグリナ
×カンテ③

shaviana, Peregrina
× *colorata* fa *colorata*
シャビアナ ペレグリナ×コロラータ③

shaviana, Peregrina × *diffractens*
シャビアナ ペレグリナ
×ディフラクテンス⑮

shaviana, Peregrina
× *heterosepala*
シャビアナ ペレグリナ
×ヘテロセパラ③

shaviana, Peregrina
× *lutea*
シャビアナ ペレグリナ
×ルテア③

shaviana, Peregrina
× *minima*
シャビアナ ペレグリナ
×ミニマ③

shaviana, Peregrina
× *moranii*
シャビアナ ペレグリナ
×モラニー⑲

shaviana, Peregrina
× 'Pinwheel'
シャビアナ ペレグリナ
×ピンウィール③

shaviana, Peregrina
× 'Pinwheel'
シャビアナ ペレグリナ
×ピンウィール⑪

shaviana, Peregrina
× *secunda*, Puebla
シャビアナ ペレグリナ
×セクンダ プエブラ③

shaviana, Peregrina
× *simulans*, Laguna Sanchez
シャビアナ ペレグリナ
×シムランス ラグナサンチェス⑫

shaviana, Peregrina
× 'Vincent Catto'
シャビアナ ペレグリナ
×ビンセント カトー⑪

99

Echeveria 'Shichifukubini' hybrids
七福美尼交配種

七福美尼は、根岸氏の交配種。
交配式は、養老（紅 E.'Yourou'）×ベラ（*bella* fa *bella*）

Echeveria 'ShichifukuJin' hybrids
七福神交配種

'Shichifukubini' × 'Laulensis'
Echeveria 'Chicorycholine'
七福美尼×ラウレンシス
エケベリア チコリコリン（2017）①

'Shichifukubini'
× 'Vincent Catto'
七福美尼
×ビンセント カトー⑪

'ShichifukuJin'
× *laui*
七福神
×ラウイ⑬

Echeveria 'Shimotsubaki' hybrids
霜椿交配種

霜椿は、根岸氏の交配。
交配式ははっきりしていないが、黄色の花が咲くので、プリドニス系のようだ。
交配も成功率が高く、可愛いハイブリッドができる。

'Shimotsubaki'
× *diffractens*
霜椿×ディフラクテンス⑮

'Shimotsubaki'
× *hyalina*
霜椿×ヒアリナ⑫

'Shimotsubaki'
× *hyalina,* La Paz Guanajuato
霜椿×ヒアリナ ラパス グアナファト⑩

'Shimotsubaki'
× 'Pink zaragozae'
霜椿×ピンクザラゴーサ⑫

'Shimotsubaki'
× 'Sarahimebotan'
霜椿×沙羅姫牡丹⑱

'Shimotsubaki'
× *secunda,* Puebla
霜椿×セクンダ プエブラ⑮

'Shinjyuhime' × *cuspidata,* Parras
真珠姫
×クスピダータ⑲

Echeveria 'Shinjyuhime' hybrids
真珠姫交配種

Echeveria 'Shirorenge' hybrids
白蓮華交配種

'Shirorenge' × *amoena* Lau 065
白蓮華
×アモエナ ラウ 065 ⑬

Echeveria 'Shirayukihime' hybrids
白雪姫交配種

とにかく名前が可愛くて、女子人気は高い。
交配種ですが、詳しい情報はない。
花はプリドニス系の黄色。

'Shirayukihime'
× 'Albabini'
白雪姫×アルバ美尼⑤

'Shirayukihime'
× *elegans* var. *kesselringiana*
白雪姫×エレガンス ケッセルリンギアナ⑤

'Shirayukihime'
× 'La-Colo'
白雪姫×ラ・コロ⑮

'Shirayukihime'
× *laui*
白雪姫×ラウイ⑪

'Shirayukihime'
× 'Sarahimebotan'
白雪姫×沙羅姫牡丹⑮

'Shirayukihime'
× *simulans,* Laguna Sanchez
白雪姫×シムランス ラグナサンチェス ⑳

シムランスは地方種が多い品種。
そのなかでもアセンシオンは、1番フリル
が強いタイプ。ハイブリッドにフリルが出
る交配を考えるのも楽しい。

simulans, Ascension × *agavoides* 'Romeo Rubin'
Echeveria 'Maizakura'
シムランス アセンシオン×アガボイデス ロメオルビン
エケベリア 舞桜②

simulans, Ascension × *agavoides* 'Romeo Rubin'
Echeveria 'Sakuraboshi'
シムランス アセンシオン×アガボイデス ロメオルビン
エケベリア 桜星②

simulans, Ascension
× *affinis*
シムランス アセンシオン
×アフィニス（2018）①

simulans, Ascension × *bicolor*
Echeveria 'Benizakura'
シムランス アセンシオン×ビカラー（和名：紅日傘）
エケベリア 紅桜（べにざくら）⑦

simulans, Ascension
× *chihuahuaensis*
シムランス アセンシオン
×チワワエンシス⑨

simulans, Ascension
× *chihuahuaensis*, Yecora
シムランス アセンシオン
×チワワエンシス イェコラ②

simulans, Ascension
× *colorata* fa *colorata*
シムランス アセンシオン
×コロラータ⑨

simulans, Ascension
× *colorata* fa *colorata* ('Lindsayana')
シムランス アセンシオン
×リンゼアナ⑨

simulans, Ascension
× *elegans* var. *kesselringiana*
シムランス アセンシオン
×エレガンス ケッセルリンギアナ⑦

simulans, Ascension
× *pulidonis*
シムランス アセンシオン
×プリドニス（和名：花うらら）⑨

simulans, Ascension
× *pulidonis,* Veracruz
シムランス アセンシオン
×プリドニス ベラクルス⑨

simulans, Ascension
× (*pulidonis* × *derenbergii*)
シムランス アセンシオン
×（プリドニス×デレンベルギー）③

simulans, Ascension
× 'Sarahimebotan'
シムランス アセンシオン
×沙羅姫牡丹⑬

simulans, Ascension
× *secunda,* Xichu
シムランス アセンシオン
×セクンダ シチュ⑮

simulans, Ascension
× *shaviana*
シムランス アセンシオン
×シャビアナ③

simulans, Ascension
× *shaviana,* Peregrina
シムランス アセンシオン
×シャビアナ ペレグリナ⑮

simulans, Ascension
× 'Vincent Catto'
シムランス アセンシオン
×ビンセント カトー⑤

Echeveria simulans, Laguna Sanchez hybrids
シムランス ラグナサンチェス交配種

１番最初に流通しはじめたのは、ラグナサンチェス地方のシムランスでした。紅葉はしないが、エッジが白く透けるゆるやかなフリル状のエケベリアで人気が高い。この種を使って交配する人も多かった。その後、地方種は増えたけれど、ラグナサンチェスは相変わらずの人気。

simulans, Laguna Sanchez
× *agavoides* 'Soufuren'
シムランス ラグナサンチェス
×アガボイデス 相府蓮⑱

simulans, Laguna Sanchez
× *colorata* fa *colorata* ('Lindsayana')
シムランス ラグナサンチェス
×リンゼアナ⑬

simulans, Laguna Sanchez
× *guerrerensis,* Altamirano
シムランス ラグナサンチェス
×グエレレンシス アルタミラノ③

simulans, Laguna Sanchez × 'Ileen'
Echeveria 'Momo Beads'
シムランス ラグナサンチェス×アイリーン
エケベリア モモビーズ（2017）①

simulans, Laguna Sanchez
× 'Laulensis'
シムランス ラグナサンチェス
×ラウレンシス⑩

simulans, Laguna Sanchez
× 'Laulensis'
シムランス ラグナサンチェス
×ラウレンシス⑩

simulans, Laguna Sanchez
× *longissima* var. *longissima*
シムランス ラグナサンチェス
×ベルバラ（ロンギシマ）②

simulans, Laguna Sanchez
× *pulidonis*
シムランス ラグナサンチェス
×プリドニス（花うらら）⑮

(*simulans,* Laguna Sanchez × *pulidonis* Green Form) ×
(*simulans,* Laguna Sanchez × *hyalina,* La Paz Guanajuato)
(シムランス ラグナサンチェス ×プリドニスグリーンフォーム) ×
(シムランス ラグナサンチェス ×ヒアリナ ラパス グアナファト) 2019 ①

simulans, Laguna Sanchez
× *shaviana,* Peregrina
シムランス ラグナサンチェス
×シャビアナ ペレグリナ③

simulans, Laguna Sanchez
× *shaviana,* Peregrina
シムランス ラグナサンチェス
×シャビアナ ペレグリナ⑫

simulans, Laguna Sanchez
× spec. nov. Zaragoza
シムランス ラグナサンチェス
×ザラゴーサ sp. ノバ⑰

Echeveria simulans, Iturbide hybrids
シムランス イトゥルビデ交配種

simulans, Iturbide
× *chihuahuaensis,* Yecora
シムランス イトゥルビデ
×チワワエンシス イェコラ②

Echeveria simulans, Rayones hybrids
シムランス ラヨネス交配種

simulans, Rayones
× *hyalina*
シムランス ラヨネス
×ヒアリナ⑮

Echeveria subalpina hybrids
スバルピナ交配種

スバルピナ ペロテ（*E.subalpina,* Perote）自体は、地味な原種。組み合わせを考えれば、見栄えのするハイブリッドができる。サブアルピナは、読み間違い。
subalpina 'Meyraniana' は、*E.meyraniana* と呼ばれていた。旧種名になるので、国際栽培植物命名規約に基づいて、'Meyraniana' と表記。

subalpina, Perote
× *laui*
スバルピナ ペロテ
×ラウイ③

subalpina 'Meyraniana'
× *longissima* var. *brachyantha*
スバルピナ ペロテ メイラニアナ
×ロンギシマ ブラキアンサ③

Echeveria subcorymbosa Lau 030 hybrids
サブコリンボサ ラウ 030 交配種

交配はできづらくはないのだが、サブコリンボサ自体も、ハイブリッドも暑さに弱い。カクカクした葉をそのまま活かしたハイブリッドを作りたくなる。

subcorymbosa Lau 030
× *elegans* var. *kesselringiana*
サブコリンボサ ラウ 030
×エレガンス ケッセルリンギアナ⑮

subcorymbosa Lau 030
× *hyalina*
サブコリンボサ ラウ 030
×ヒアリナ⑬

subcorymbosa Lau 030
× *laui*
サブコリンボサ ラウ 030
×ラウイ⑬

subcorymbosa Lau 030
× 'Laulinze'
サブコリンボサ ラウ 030
×ラウリンゼ⑮

subcorymbosa Lau 030
× 'Pinwheel'
サブコリンボサ ラウ 030
×ピンウィール⑮

Echeveria tolimanensis hybrids
トリマネンシス交配種

トリマネンシス（*E.tolimanensis*）は、ずんぐりした形で、天に向かって葉が立つ姿がなんとも愛らしいエケベリアだ。紅葉らしい紅葉はないが、うっすらピンクになる。交配は成功率が高く、トリマネンシスの姿がハイブリッドに出やすく、ファンが多い。

tolimanensis
× *agavoides* 'Ebony'
トリマネンシス
×アガボイデス エボニー⑮

tolimanensis
× *agavoides* 'Romeo'
トリマネンシス
×アガボイデス ロメオ（タウラス）⑮

tolimanensis
× *agavoides* 'Romeo Rubin'
トリマネンシス
×アガボイデス ロメオルビン⑰

tolimanensis
× 'Albabini'
トリマネンシス
×アルバミニ⑮

tolimanensis
× *carnicolor*
トリマネンシス
×カルニカラー⑮

tolimanensis
× *colorata* fa *colorata* ('Lindsayana')
トリマネンシス
×リンゼアナ⑳

tolimanensis
× *chihuahuaensis*
トリマネンシス
×チワワエンシス⑬

tolimanensis
× *chihuahuaensis*
トリマネンシス
×チワワエンシス⑮

tolimanensis
× *chihuahuaensis*
トリマネンシス
×チワワエンシス⑳

tolimanensis
× 'Dodolee'
トリマネンシス
×ドドリー⑤

tolimanensis × 'Emerald Giant'
(*colorata* 'Mexican Giant' hybrid)
トリマネンシス × エメラルド ジャイアント
(メキシカン ジャイアント ハイブリッド) ⑮

tolimanensis
× *laui*
トリマネンシス
×ラウイ⑮

tolimanensis
× *pallida*
トリマネンシス
×パリダ⑯

tolimanensis
× 'Pink zaragozae'
トリマネンシス
×ピンクザラゴーサ⑳

tolimanensis
× 'Pinwheel'
トリマネンシス
×ピンウィール⑮

tolimanensis
× 'Sarahimebotan'
トリマネンシス
×沙羅姫牡丹⑮

tolimanensis
× *setosa*
トリマネンシス
×セトーサ⑬

tolimanensis
× *simulans,* Ascension
トリマネンシス
×シムランス アセンシオン⑳

tolimanensis
× spec. nov. Zaragoza
トリマネンシス
×ザラゴーサ sp. ノバ⑨

tolimanensis
× spec. nov. Zaragoza
トリマネンシス
×ザラゴーサ sp. ノバ⑮

tolimanensis
× spec. nov. Zaragoza
トリマネンシス
×ザラゴーサ sp. ノバ⑱

tolimanensis
× *subcorymbosa* Lau 030
トリマネンシス
×サブコリンボサ ラウ 030 ⑮

tolimanensis
× (*tolimanensis* × *hyalina*)
トリマネンシス
×（トリマ×ヒアリナ）⑪

tolimanensis
× *turgida*
トリマネンシス
×ツルギダ③

tolimanensis
×('Vashon' × *cuspidata* var. *zaragozae*)
トリマネンシス
×（ヴァション×ザラゴーサ）⑮

tolimanensis
× 'Vincent Catto'
トリマネンシス
×ビンセント カトー④

Echeveria trianthina hybrids
トリアンティナ交配種

trianthina × *lutea*
トリアンティナ×ルテア③

Echeveria triquiana hybrids
トリクイアナ交配種

triquiana × *simulans,* Ascension
Echeveria 'Kokutenshi'
トリクイアナ×シムランス アセンシオン
エケベリア 告天子（こくてんし 2018）①
告天子はヒバリを意味する春の季語

Echeveria 'Tsukinishiki' hybrids
月錦交配種

'Tsukinishiki'
× *tolimanensis*
月錦
×トリマネンシス⑯

Echeveria 'Venus' hybrids
ビーナス交配種

'Venus'
× *simulans,* Laguna Sanchez
ビーナス
×シムランス ラグナサンチェス ⑳

Echeveria 'Vincent Catto' hybrids
ビンセント カトー交配種

ビンセント カトー（E.'Vincent Catto'）は、正式発表はまだないが、ごく最近の情報では交配種だと思われている。交配種にしては弱過ぎる気もする。
そもそも多肉植物は、高山植物なので暑さに弱く、日本の夏は不向き。
紅葉時の姿はすばらしい。
開花しても、花粉はすぐには使えない。タイミングが難しい。
ハイブリッドは、エッジが出る小型のエケベリアになるところが魅力的。
以前は、原種グロブローサだと思われていた。現在もグロブローサという名前で流通もしている。

'Vincent Catto'
× *colorata* fa *colorata* ('Lindsayana')
ビンセント カトー
×リンゼアナ⑤

'Vincent Catto'
× *laui*
ビンセント カトー
×ラウイ⑮

'Vincent Catto' × 'Laulensis'
Echeveria 'Amethyst'
ビンセント カトー ×ラウレンシス
エケベリア アメジスト⑮

'Vincent Catto'
× *longissima* var. *brachyantha*
ビンセント カトー
×ロンギシマ ブラキアンサ③

'Vincent Catto'
× *shaviana,* Peregrina
ビンセント カトー
×シャビアナ ペレグリナ④

'Vincent Catto'
× *minima*
ビンセント カトー
×ミニマ④

'Vincent Catto'
× *minima*
ビンセント カトー
×ミニマ④

'Vincent Catto'
× *tolimanensis*
ビンセント カトー
×トリマネンシス④

Echeveria walpoleana hybrids
ワルポレアナ交配種

以前はタマウリパナという名前で流通していた。現在、タマウリパナは、ワルポレアナのシノニムになっている。細いみぞ葉にエッジが出るところは、交配に使ってみたいと思わせるが、開花は夏近くなるので、交配に使う場合は花粉の保存が必要になる。
日本ではなぜか、ラセモサ（*E.racemosa*）という名前で流通していることもある。

walpoleana × *affinis*
ワルポレアナ
×アフィニス③

walpoleana × *minima*
ワルポレアナ
×ミニマ③

walpoleana × *strictiflora,* Sierra Delicias
ワルポレアナ
×ストリクチフローラ シエラデリシャス③

Echeveria 'Yamatonobara' hybrids
大和の薔薇交配種

大和の薔薇は、根岸氏のハイブリッドで、交配式は、大和錦（*E.purpusorum*）×ザラゴーサ sp.ノバ（E. spec. nov. Zaragoza）紅葉色は紫、株が古くなると素晴らしい赤になる。何年栽培しても、なぜか花粉がほぼないので、交配には母親でしか使えない。ハイブリッドには大和の薔薇の顔が出やすい。

'Yamatonobara'
× *chihuahuaensis,* Yecora
大和の薔薇
×チワワエンシス イェコラ⑮

'Yamatonobara'
× *colorata* 'Mexican Giant'
大和の薔薇
×コロラータ メキシカン ジャイアント⑬

'Yamatonobara'
× *hyalina,* La Paz Guanajuato
大和の薔薇
×ヒアリナ ラパス グアナファト⑮

'Yamatonobara'
× 'Laulinze'
大和の薔薇×ラウリンゼ⑮

'Yamatonobara'
× 'Sarahimebotan'
大和の薔薇×沙羅姫牡丹⑬

'Yamatonobara'
× *shaviana,* Peregrina
大和の薔薇×シャビアナ ペレグリナ⑫

他人と違う交配種を作ろうとすると、行き着くのが異属間交配。
エケベリア同士の交配より丈夫なものができる交配もあると思うので、狙い目。

Echeveria agavoides 'Ebony'
× *Graptopetalum rusbyi* Graptoveria 'Hien'
エケベリア アガボイデス エボニー
×グラプトペタルム ルスビー (和名：銀天女)
グラプトベリア 炎燕 (ひえん) ⑪

Echeveria agavoides 'Romeo'
× *Graptopetalum rusbyi*
エケベリア アガボイデス ロメオ
×グラプトペタルム ルスビー (和名：銀天女) ⑳

Echeveria agavoides 'Sirius'
× *Graptopetalum rusbyi*
エケベリア アガボイデス シリウス
×グラプトペタルム ルスビー (和名：銀天女) ⑪

Graptopetalum 'Debbi'
× Echeveria 'Laulinze'
グラプトペタルム デビー
×エケベリア ラウリンゼ⑨

Echeveria derenbergii × *Graptopetalum filiferum*
Graptoveria 'Syunsetsu'
デレンベルギー×グラプトペタルム
フィリフェルム (和名：菊日和)
グラプトベリア 春雪 (しゅんせつ) ⑪

Graptopetalum rusbyi
× *Echeveria agavoides* 'Romeo'
グラプトペタルム ルスビー (和名：銀天女)
×エケベリア アガボイデス ロメオ⑬

Graptopetalum rusbyi
× *Echeveria chihuahuaensis*
グラプトペタルム ルスビー (和名：銀天女)
×エケベリア チワワエンシス⑬

Graptopetalum rusbyi
× *Echeveria laui*
グラプトペタルム ルスビー (和名：銀天女)
×エケベリア ラウイ⑬

Graptopetalum rusbyi
× Echeveria 'Laulinze'
グラプトペタルム ルスビー (和名：銀天女)
×エケベリア ラウリンゼ⑳

Graptoveria

Graptosedum

Graptopetalum rusbyi
× Echeveria 'Novahineriana'
グラプトペタルム ルスビー (和名:銀天女)
×エケベリア ノバヒネリアナ⑬

Graptopetalum amethystinum
× Echeveria 'ShichifukuJin'
グラプトペタルム アメジスチヌム
×エケベリア 七福神⑬

Graptopetalum macdougallii
× Sedum perezdelarosae
グラプトペタルム マクドガリー
×セダム ペレズデラロサエ③

Pachyveria

Echeveria agavoides
× *Pachyphytum oviferum*
エケベリア アガボイデス
×パキフィツム オビフェルム
(和名:星美人)③

Echeveria agavoides 'Romeo'
× *Pachysedum* 'Baby Finger'
エケベリア アガボイデス
ロメオ (レッドエボニー)
×パキフィツム ベビーフィン
ガー⑳

Echeveria elegans
× *Pachyphytum oviferum*
エケベリア エレガンス
(和名:月影)
×パキフィツム オビフェルム
(和名:星美人)③

Pachyphytum oviferum
× *Echeveria laui*
パキフィツム オビフェルム
(和名:星美人)
×エケベリア ラウイ③

Echeveria setosa var. minor
× *Pachyphytum oviferum*
エケベリア セトーサ ミノール
(和名:青い渚)
×パキフィツム オビフェルム
(和名:星美人)③

Echeveria setosa var. minor
× *Pachyphytum compactum*
エケベリア セトーサ ミノール
(和名:青い渚)
×パキフィツム コンパクツム
(和名:千代田の松)③

(*Echeveria colorata* fa *colorata* ('Lindsayana') × *Pachyphytum oviferum*)
× *Echeveria agavoides* 'Ebony'
パキベリア フレーヌ (リンゼアナ×パキフィツム オビフェルム「和名:星美人」)
×アガボイデス エボニー⑬
※日本国内では、エレイン (*Frank Reinelt* 氏のハイブリッド)、フレーヌ、フレーベル、
グルチニカウレ (和名:稲田姫) は見分けがつきづらいため、正しい名前で流通していな
いこともある。ほかのものが稲田姫として売られていることが多いので注意する。稲田
姫の花は赤が強く、特徴的。エレインなどの花は白っぽい。

Echeveria

本書に写真提供してくださった
作出者さまご紹介

①Takahiro Inokuma
猪熊隆裕
@schmitt_japan
（鍵アカウントのため許可制）
多肉歴6年
実生4年

Schmitt-f.

交配種を購入するより、自分で作ったほうが効率的だと実生をはじめる。交配自体にはこだわりを持ってひたすら自分の好みの株を目指す。栽培についての細かいことはあまり気にせず、とにかく作る。

今回の協力者中、一番多肉歴が短いにもかかわらず、きゅうりの栽培技術を武器にエケベリアも美しく作ってしまうが、すべてきゅうり栽培の片手間。

②Akiyoshi Iwata
岩田明良
@corotan.117

多肉歴7年
実生4年

園芸店で出会ったコロラータの紅葉に魅せられてエケベリアの栽培をはじめる。

そして、いろいろな交配種を集めているうちに、オリジナルの苗を作ってみたくなり、自分でも交配をはじめる。

好みの品種で、ピンクの色合いに紅葉する可愛いハイブリッドを目指しています。

③大原　優

多肉歴11年
実生8年

読んでいたブログに触発され、交配をはじめる。家から離れたところにハウスがあるため、そのときに咲いているもの同士での交配を主としていて、逆交配も多い。できすぎると土に還し、あくまでも自分で管理できる量に留めるし、ある程度育つと親株をすこし残して手放してしまうことが多い。

経験を糧に面白いエケベリアを探求中。

④kurogoma♪
@tsukiyo_29

多肉歴13年
実生6年

小さなエケベリアがたくさん並んでいる光景に憧れて交配をはじめる。理想のエケベリアを目指して細かい作業も厭わず何度でもチャレンジする。できてないかも〜と思うと、花粉を2度付け、3度付け。最近は、親株に素性のわかる苗を使うことも心がけている。自分の交配種がかわいく育った姿を妄想しつつ交配。異属間交配も興味深い。

⑤コチョコチョ
@kokai1128

多肉歴7年
実生4年

　2階建て住居の屋上のガラス温室とベランダで栽培。一番最初にはまった多肉植物はリトープスですが、いまはほぼエケベリアオンリー。実生はアガボ系よりもラパスやサンチェスなどのヒアリナ系が好み。好きなものはたくさん作るし、花があると交配が止まらない。最近は農薬と菌に興味があり、アマゾンからDMがくるほど。資材はソフトシリカが好き。

⑥snowdrop
@snowdrop324

多肉歴9年
実生5年

　初めて全力ではまった趣味が、多肉植物でした。そして、その多肉植物を通じて出会った友人達とのご縁にも恵まれて、夢中になれる趣味があるって幸せだなと感じています。
　これとこれを組み合わせたら、どんなお顔になるかな？　と想像を膨らませてワクワクしながら、小さなベランダでマイペースに実生を楽しんでいます。

⑦STAB BLUE SHIZU
@stab_blue

多肉歴10年
実生5年

　住んでいる地域に欲しい多肉植物がなく、自分で作りはじめた。自分の好みを目指して交配するも、思うようにはいかないと感じている。
　現在、アガベやほかの植物のみに関わり、エケベリアなどには手がまわらないため、人に預けてお休み中。時間をみつけて、ぼちぼちやっていこうと思っています。

⑧セサミ

多肉歴10年
実生5年

　初めて多肉植物に触れたのは白牡丹です。白牡丹のふっくら可愛いロゼットに魅了されたのをきっかけに、エケベリアに夢中になりました。
　現在は、オリジナリティが高い交配種の作出を目指して実生し、自分のハイブリッドの将来に夢を馳せながら育てることを楽しんでいます。

⑨ ∞SoRaLa Jardin ∞
@caji_caji

多肉歴12年
実生8年

　以前の「寝ても覚めても～」な気持ちはすっかり落ち着きましたが、虫にも菌にも負けないぷっくりむっちり多肉作りを目指して、植物が持つ本来の力をアップさせることを目標にしています。
　そのためにまずハマったのは、用土の配合の見直し。試行錯誤中ですが、自分の理想のエケベリアを作りたい気持ちは変わりません。

⑩tanikico
@tanikico

多肉歴8年
実生6年

　寝ても覚めても頭の中は多肉植物のことばかりというほど多肉植物に魅了され、次の年には、エケベリアと関われる仕事へ転職していた。そしてあっという間にときが経って、もう8年。
　まだ見ぬ自分好みのエケベリアを見てみたい！
　そんな気持ちから交配・実生をはじめたら、6年経っていました……。

⑪多肉アン

多肉歴11年
実生７年

自分好みのエケベリアを作出すべく、実生にチャレンジ。夏でも華やかな色、形を目標に選抜したもの同士で交配を行なっています。
育苗数を増やし安定した販売ができるよう奮闘中！現在下記アドレスで「多肉アンショップ」を開設、更新は不定期。
https://tanikuan.buyshop.jp/

⑫ダチョウ
@pendacho_succulent

多肉歴７年
実生４年

地元では購入できない多肉を求めて活動し、そこで知り合った方々の影響もあり、交配を楽しむまでになりました。
個性的なフリルエケを作りたいです。
自分に合う栽培方法を常に模索中（試したがりなので、失敗することも）。

⑬TY（とっちゃん＆嫁ちゃんご夫婦）
@tanikuossan
@tanikuobahan
多肉歴10年
実生７年

実生や交配をはじめたきっかけは、いまのように簡単に購入することができなかったのと、ラウリンゼや桃太郎を自分でも作ってみたくなったからです。
地味で細かい作業が多いですが、自分達には向いていてコツコツ楽しみながらやってます。
なかなか思うようならないことも多いですが、そこがまた楽しいです。

⑭nicori
@nicori.25

多肉歴８年
実生４年

実生歴はまだ短く、思うようにできないときも多々。
栽培について悩んだり、わからないことがあったときには多肉を通じて知り合った方々に教えてもらったり……つながりにも感謝しています。
これからも自分のペースで、楽しみながら栽培したい。

⑮hana-riki（はなりき）
@hanariki29

多肉歴10年
実生８年

多肉かわいいよ～という同僚女子の言葉で、ネットで検索したバラの花のようなエケベリアをひと目見てドはまり。2012、13年当時は、通販も2、3ヶ所で、思うように手に入らず、とうとう交配を自分ではじめる。いまでは当時より多数の多肉を所有するも、手に入らなかった悔しさからか、多肉を探し求める病は治りません。

⑯Mutsumi Hoshino
星野睦美
サクラ@seeding623

多肉歴12年
実生５年

素晴らしいエケベリアを手に入れても、一期一会。もう一度逢いたい！と思い交配を選んだ。きっかけをくれたストリクチリーガをこよなく愛し、好きなタイプを目指して交配する。交配中の株は水を切り過ぎないのがコツ。そのためには、徒長も厭わず、できるだけ伸び伸び育てて後に締める。実生しても手許に10株くらい残し、人にあげてしまう。

⑰mapagarden
＆パパさん
@mapagarden

多肉歴6年
実生4年

　我が家の交配担当はパパさん。アガボイデスが大好きなパパさんの交配は、エボニーやロメオの交配が多数なので、作ってほしい交配はリクエストします。上手く成長する苗もあれば、まったく発芽しないこともあり、一喜一憂。私の担当は親株の成育管理。上手く花が咲かせられると嬉しくなります。二人とも老眼になり受粉させるのが厳しくなりました。

⑱いゆり
@iyuri3

多肉歴8年
実生5年

　九州の島でひっそりと多肉を育てています。
　まわりにある数少ない園芸店に多肉植物の取り扱いは少なく、イベントへ出かけるのにも一日がかりな不便な場所ゆえに、ないなら自分で作ればいい！精神で実生を楽しんでいます。

⑲みや
@miya13_14
販売サイト
@greenfarmmiya
多肉歴9年
実生6年

　関東の僻地に住み、現在田舎暮らし満喫中。
　サボテン収集家の叔父のハウスでエケベリアと出会う。
　田舎すぎて多肉狩りに行けないのが悩みですが、SNSを通してみなさんとのご縁に感謝です。
　多肉と白の組み合わせが好き。

⑳ゆきんこ

多肉歴7年
実生5年

　通販中心の購入方法では欲しいエケベリアがまったく入手できず、「欲しいものは作るしかないよ」と、遊びに行っていた多肉屋さんにそそのかされ、「自分で作るしかない」と交配にチャレンジをはじめました。けれど、いまだに納得のいく交配ができていません。交配しているうちに場所がなくなり、ハウスを作り足す羽目になりました。

㉑ルイパパ（Ruipapa）
@sennaraul0628
@ruipapa_little_nursery

多肉歴6年
実生5年

　実生歴5年のまだまだ新米タニラーですが、毎年いろいろな多肉植物の交配や実生苗の育成を試行錯誤しながら日々精進しています。
　これからもいままでにないフォルムやカラーを中心としたオリジナルハイブリッドを追い求め、その結果、愛でて頂ける方々に感動を与えられたらと思います。これからも宜しくお願いします。

写真提供：アズ（@ powdersnow_az）
写真提供：星野美姫（@ miki_tanio.3.o）
協力：浜小路ダニエル
協力 & 英語タイトル：Margrit Bischofberger

エケベリアファンクラブ
エケベリア好きな人間の集団。本を作るときなどに、
写真や情報の提供を求めます。
我こそは、という方歓迎します。

編集：小池直子（n-koike@cosmicpub.jp）
装丁&本文デザイン：安藤 純

実生のススメ 多肉植物
エケベリア ハイブリッド図鑑
Illustrated Handbook of Echeveria Hybrids

2021年11月12日　初版発行
2021年12月4日　　3刷発行

編集人　佐藤広野
発行人　杉原葉子
発　行　株式会社 コスミック出版
　　　　〒 154-0002
　　　　東京都世田谷区下馬 6-15-4
　　　　代表　TEL.03（5432）7081
　　　　営業　TEL.03（5432）7084
　　　　　　　FAX.03（5432）7088
　　　　編集　TEL.03（5432）7086
　　　　　　　FAX.03（5432）7090
　　　　http://www.cosmicpub.com/